ワーク・イズ・ライフ

Work Is Life

宇宙一チャラい

仕[illegible]論

近藤[illegible]

CCCメディアハウス

はじめに　幸せの大三角をめぐる旅

広漠たる宇宙に、ひときわ輝く三つの星が浮かんでいる。夏の大三角は織姫星のベガ、彦星のアルタイル、デネブ。冬の大三角はシリウス、プロキオン、ベテルギウス。

幸せは、その三角形のうちにある。

その話をしたいと思っているんです。すぐ読めちゃう小さな本で、大きなことを言ってますが。

幸せとは、この大三角から成り立っている。本の結論です。

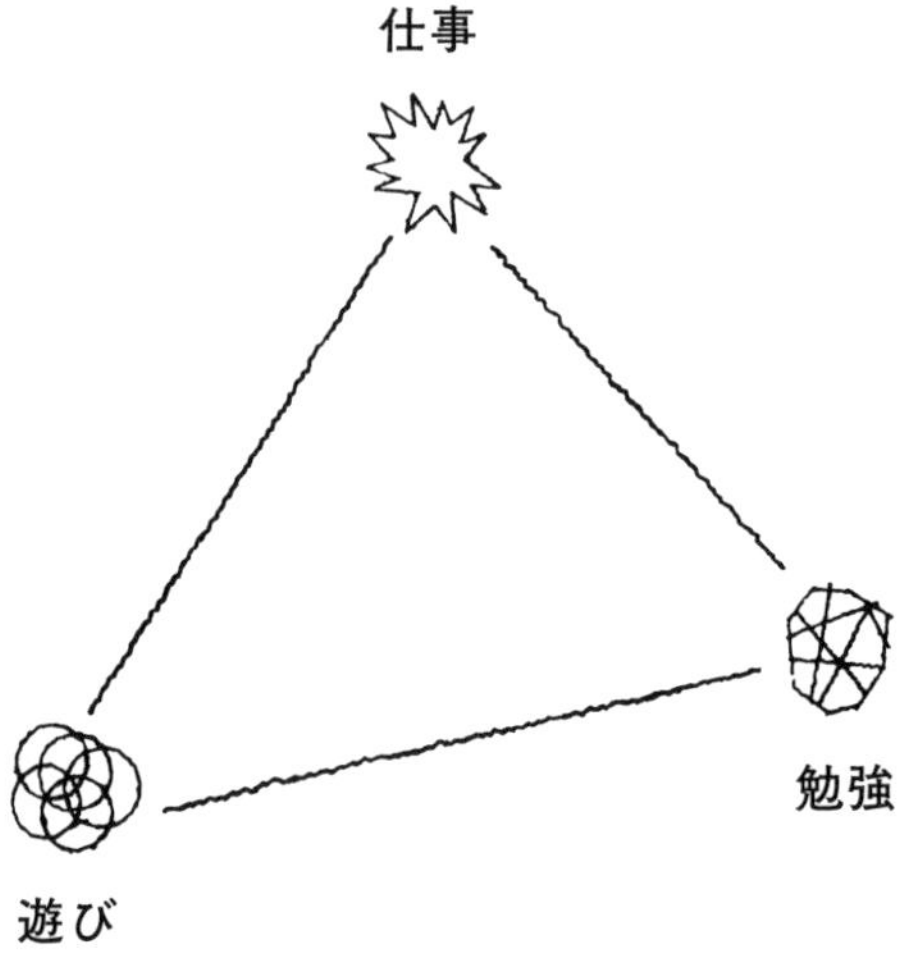

わたしたちは、なぜ、生きているんでしょうか？

こういう質問に即答できる人がいたら、わたしなんか、それはそれで気持ち悪い気がします。

なぜ生きているか？　なぜもなにもない。朝、起きちゃったからだよ。起きちゃったから、今日も惰性で生きてるんだ。起きなかったら、死んでるわ。

その程度なんじゃないでしょうか、ふつう。

なぜ懸命に生きるのか？

わたしは、ライターとして四十年近く生きてきました。東京・渋谷生まれで、五十歳になるまで職場も東京とニューヨークだけ。ところが二〇一四年に気がふれて、九州の小さな村落に移住し、百姓や猟師になりました。作家と兼業です。もう十一年目になります。

水田を耕し、米や麦を作っている。けものを追いかけ、奥深い山を走り回る。夏は百姓仕事で手にまめを作り、そのまめがやぶれる。冬は猟師で、顔や手はすり傷・切り傷だらけです。

そうした生活の中で、やっと分かってきたことがある。

自分は、ただ生きるのではだめだ。〈よく、生きる〉のでなければならない。命を取っているのだから。

鴨や鹿や猪、ジャンボタニシ、あるいは雑草たちの命の分も、懸命に生きる。自分の生を、生ききる。そうでなければ、申し訳がたたない。

他者の命を収奪して生きている。わたしたち人間の命は、他の生命の集積なんだ。〈よく、生きる＝懸命に生きる〉のは、だから義務なんだ。世界の、他の生命に対する責務だ。

そう、強く感じるようになったんです。きれいごとじゃない。自分の手を血で汚しているから。肉体で分かるんです。


ところで、懸命に生きるのはいいとして、でもそれはなんのためでしょうか。目標は、なんですか。

幸せになる。

ほかの人は知りません。わたしはそうです。幸せになるために生きてます。人生の目的って、幸せになることですよ。

Kaは、人生が、恋をして幸せになる以外には、互いに関係のない無意味な一連の平凡な出来事であることが今やよくわかった。

（オルハン・パムク『雪』）

ここで注意が必要なのは、「幸せ」とか、「幸福」と言ってしまうと、人はいきなりハードルをあげる傾向にあることです。

人間の欲望は、きりがないものです。とくに、人と比較するのは不治の病。幸せを欲望と取り違えると、人生、えらいめにあいます。不幸への一本道。

だから、「幸せ」という言葉を、少し変えましょう。「ご機嫌」はどうでしょうか。あるいは「ナイス」。

ご機嫌になるため、生きる。ナイスになるため、生きている。

だから、宇宙一チャラい仕事論。のちに書きますが、仕事は幸せに直結する。

チャラいと聞いて思い起こすことはなんでしょう。ふつうは、チャラ男とかいうときのちゃらですよね。

ちゃらちゃら：軽いだけで内実のない

この本で目指すのはもちろんそこではありません。どちらかというと、あちゃらかとか、すちゃらか。「笑いを誘う、馬鹿騒ぎ」と辞書にはあります。おちゃらかすでもいいかもしれない。「からかう、冗談のようにする」。あるいは、ちゃらっぽこ。「でたらめ、嘘」

へっちゃらのちゃらも入っています。「動じない、気にかけない」

冗談のように、でたらめな、やぶれかぶれの幸福。ですが、ふまじめではない。あくまで真剣《ガチ》だし、本気《マジ》。遊びこそ真剣にやるというのが、この仕事論の眼目です。

ささやかに機嫌よく生きていくために

アメリカの作家カート・ヴォネガットがおもしろい話を書いています。

ヴォネガットがまだ子供のころ、大好きだったおじさんがいました。頭のいいおじさんで、「自分がどれだけ幸せか分かっていない人間が多い」というのが、常々、彼が不満に思っていることでした。

そのおじさんと過ごした、ある日の昼下がり。二人で、庭先に出て、とりとめのないおしゃべりをしている。レモネードを飲みながら。かすかな風が吹く。木々の匂いがただよう。

するとおじさんが、突然、叫ぶ。

If this isn't nice, I don't know what is.

(Kurt Vonnegut "A Man Without a Country")


「これが幸せでなきゃ、いったい何が幸せだっていうんだ」

訳者の金原瑞人さんは、そう日本語に移しています。素敵な訳文です。「幸せ」とは「ナイス」のことである。

幸せとか幸福とかを、あまり大げさに考えない方がいい。「幸福とはなにか」なんて考えなくなったときに、初めて立ち現れる種類の、ささやかで淡い感情が、「幸福」なんだと思います。

幸せになるんじゃない。ナイスになる。ご機嫌でいる。

どうしたら、ナイスな感情を保ったまま、一週間を過ごせるか。あるいは、一日を、たった一時間でもいい、このご機嫌を続けていくことができるか。

先にも書いたように、わたしは百姓で猟師で、作家です。ここ十年くらいは、自分の肉体で分かったことしか書かないと決めている。文章は、汗で書く。

百姓も猟師も激しい肉体労働で、早朝から動き始める。米百姓の仕事は朝が早いんです。なにせ最近の酷暑。日が高くなって田んぼにいるのはもはや自殺行為です。猟師も朝が早い。「場所取り命」の仕事で、ほかの猟師に先駆けて、獲物のいる猟場にいなければお話にならない。

でも、作家もそれに劣らず時間のかかる、体を酷使する仕事です。春夏は朝の四時起きで書き始めるし、猟期の秋冬は、午前二時起きです。

それが苦役なのかというとまったくそんなことはなく、だれに頼まれたのでもなく、カネのためでもなく、喜々として、こうして文章を書いている。だから、幸せな人間なんでしょうね。

そんなふうに過ごしてきて、はっきり、手でつかみ取ったことがあるんです。ナイスな気分でいるために、つまり幸せになるために、死活的に重要な要素がある。三つある。幸せは、その三要素でできあがっている。
それが、夜空に浮かぶ三つの星、幸せの青い大三角です。

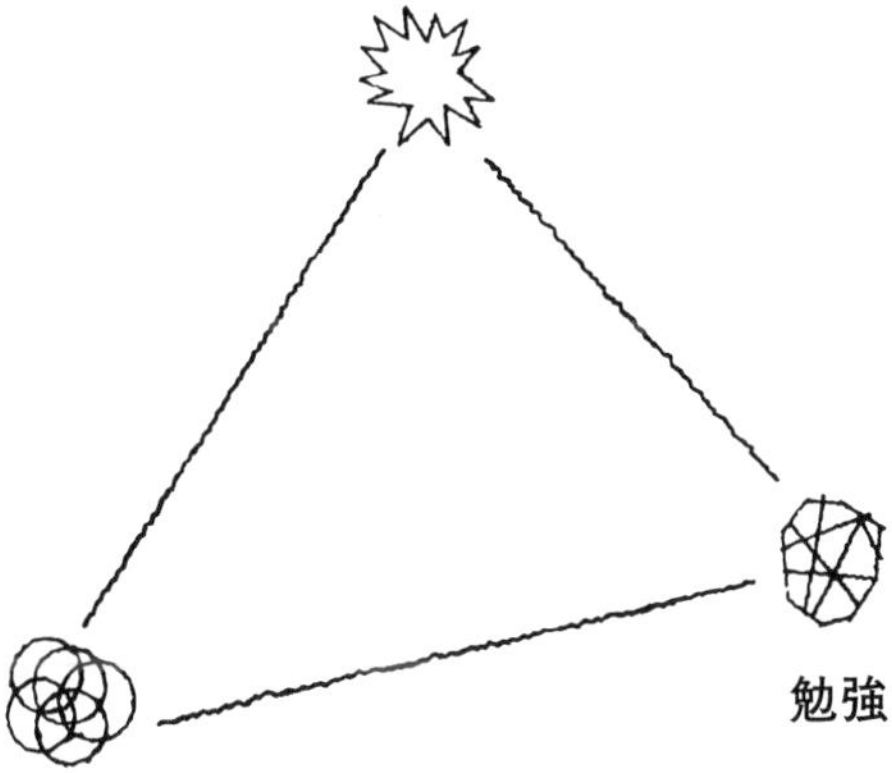

今夜はその話をします。

ワーク・イズ・ライフ
宇宙一チャラい仕事論

目次

Index

はじめに　幸せの大三角をめぐる旅　1
なぜ懸命に生きるのか？　3
ささやかに機嫌よく生きていくために　6

第一夜話

〈仕事 work〉

噺…（一）　お茶売り　18
一生の大半は〈仕事〉している　22
ワークとライフのバランスの正解　24
好きな仕事だけして生きていける、わけがない　26
苦役はおもしろくすればよい　28
「人でなし！」と言われた日　31

『ボヴァリー夫人』のおかげで、ブルシットじゃない 34
自発でない〝自由〟はくだらない 38
〈仕事〉は創る――「猟師になれ」と言われた、わけがない 39
希望の仕事とイエスのご加護 41
クレイジーの休日 44
左手の仕事と右手の仕事 47
局地戦で目的地を見失うな 49
仕事は質か量か？――頼まれやすい人になる 50
冷遇されたら――筋肉と語学は裏切らない 52
自由がないからクリエイティブ？ 55
チェーホフ、鷗外、本居宣長の共通点 56
本当にしたい仕事をするための二足のわらじ 60
よく、生きる――〈仕事〉の幸福論 61

第二夜話

〈勉強〉study

噺…(二) 記憶長屋 66
〈仕事〉だけしていた結果 71
プロとして仕事漬けを経験する 73
〈勉強〉とは読書である――第三次産業の社会 75
コミュニケートは現代人の武器――言語能力 77
あなたの話は聞くに値するか?――ナラティブと語彙 79
年間百冊読む人は本を変えたほうがいい 82
自分を変える――ボブ・ディランとプロデューサー 85
難しくても、気に食わなくても――選書リストに従う 86
〈勉強〉とは百姓になること――パラノイアの集中 89
大人の〈勉強〉は自分への強制 91
一流は〈勉強〉している――転がる石になる 93
人にやさしく――〈勉強〉の「得」と「徳」 95

第三夜話

〈遊び〉
play

噺…(三) 博奕風景 100
〈遊び〉と〈勉強〉の接近 107
二つの星が衝突したら——新たな星(遊び)の誕生 109
不良のナラティブ、学級委員のナラティブ 112
正しさという暴力、しかもおもんないし 114
〈遊び〉とは猟師になること——スキゾフレニアの散漫 117
遊びでしないのが〈遊び〉 120
遊びでするのが〈仕事〉 122
「プレイ・ボール!」しているか 124
人が人たる所以——〈遊び〉はクリエイティブ 127

第四夜話

事故

accident

噺…（四）　言い訳講釈 132
事故によって才能と努力の限界を超える 138
初めての事故：音楽にあったら、評論家になった 141
人生最大の事故：本を出したら、文章に取り憑かれた 143
さらなる事故：アメリカで遊べば、スランプを抜けた 146
最新の事故：百姓・猟師になったら、ステージにいた 149
本物の事故：撥ねられたら、幽体離脱した 152
事故りやすい体質1：注意散漫 156
事故りやすい体質2：無鉄砲 158
どれだけ仕事したかではなく、どれだけ遊んだか 163
〈仕事〉〈勉強〉〈遊び〉のスケジュールは？ 164
事故りやすい体質3：酔っている 169

疑わずに〈仕事〉に酔うのは致命傷になる 172
無鉄砲の枠——身上を潰して〈遊ぶ〉 174
事故にあうとは、予測不可能に生きること 176

第五夜話

異常 anomaly

嘶…（五） 家路道中 180
人生を支えるもの——自分の骨を知る 186
遊び、酔い、はみ出せ、世界を変えよ 191
謝辞 195
引用・参考文献 196

第一夜話

〈仕事 work〉

大三角の三つ星のうち、
一生の大半を占め、幸福を左右する

噺……(一) お茶売り

実家が貧しく、学費を払うために、高校生のころからアルバイトをしていた。ビル掃除に土方にベッドメイクと、いろいろやった。大学に入ると、友達もいなかったので、家庭教師という「おいしい」仕事があるのを知らず、新宿にある怪しげな会社の「営業補助」というバイトに応募してしまった。

そこは、学生を安く使ってお茶を売り歩かせる会社だった。いまでこそセキュリティーが厳しくなって、考えられないが、新橋あたりで電車を降ろし、雑居ビルに飛び込ませ、お茶を、いわば押し売りさせるのだった。何人かの学生を、後ろで社員が監督している。

これが、つらかった。あたりまえだが、どこの会社でもそんなお茶売りは追い返される。まともに話を聞いてくれるところなんて、ない。「勝手に入ってくるなよ」と怒鳴られることも少なくなかった。半日して、胃に穴があくかと思った。一日やってとてもつとまらず、「申し訳ありませんが自分にはできません」と手紙を書いて、翌早朝、新宿の事務所のドア、下に差し込んで逃げた。そんな手紙、書くこともなかったのに。

いま思えばだが、なによりつらかったのは、自分の売っている「お茶」が、自分では飲んだこともない、うまいとも思わない商品、自分では信じていないモノだったことだろう。

それはともかく、自分には「営業」という仕事ができないと、はっきり分かった。大学四年で突然、新聞社の試験を受けたのも、「記者ならば、営業をしなくていいんじゃないか」と思ったのが、いちばん大きな理由だった。

大間違いだった。新聞記者こそ、営業じゃないか。

警察署に入って知りもしない刑事のごきげんを取り、話を聞こうとする。聞きたい話なんか、ほんとうはないのに。学校を出たばかり、安っぽいスーツさえ似合わぬ若造で、刑事が喜ぶ情報を持っているわけでもない。お茶どころか、自分には「売る」商品が、なにもないのだ。

それでも、あとには引けなかった。せっかくつかんだ仕事を、失うわけにはいかなかった。食えなかったから。養うべき人間がいたから。

毎朝、毎晩、お菓子や焼酎を手土産に、警察署を訪ねた。話の穂を探した。一年経っても、話の穂は、どこにも実を結ばなかった。

川崎署の外勤警察官にサトウさんという人がいた。警察署長を公用車で送り迎えする役目だった。ある朝、サトウさんがわたしに寄ってきた。「人事異動でほかの市へ行く」のだという。

「僕にはなにもネタがないんだけど、もしもあったら、近藤さんに言うよ。近藤さん、いい人だから」

そう言って、背中を向けた。

わたしに「売る」商品があるとしたら、人柄だけ。売るべき〝お茶〟は、自分という人間だった。

いい人になる。おもしろい人になる。自分で信じられる、「自分」になる。

七時半。

朝から晩まで働いて、六十銭の労働の代償をもらってかえる。土釜を七輪に掛けて、机の上に茶碗と箸を並べると、つくづく人生とはこんなものだったのかと思った。ごたごた文句を言っている人間の横ッ面をひっぱたいてやりたいと思う。

（林芙美子『放浪記』）

人はなぜ、働くのか？

食うためだよ。生きていくためだよ。幼い子が、老いた父母が、病気の家族がいるからだ。養うべき人がいるからだ。あたりまえだろ。甘ったれたことを言うな。ひっぱたくぞ！

わたしだってまったくそうでした。四十年ちかく前、学校を出て新聞社に入ったのは、社会正義を実現するためでも権力を監視するためでも弱者に〝寄り添う〟ためでもありません。カネが必要だったから。食うために、養うべき人がいるために、でした。

生きるために、いやな労働でもがまんするのだ。

そうした、いわば生活の実感をともなわないあらゆる表現を、わたしは好みません。

ただ、いまのわたしはもう少し別様な感想をもつこともあります。

人はなぜ、働くのか。

幸せになるため。ナイスな日々を過ごすため。

一生の大半は〈仕事〉している

幸せになるためにもっとも重要な要素。それは〈仕事〉です。

なぜかというと、人は、〈仕事〉をしている時間がいちばん長いからです。

小学校に行くようになり、中学校へ入り、多くの人は高校へ、一部の人は大学まで進んで、ずいぶん長いこと、人は学校にいます。うんざりですよね。わたしは学校と名のつくもの、学校に関することが、すべて嫌いでした。校舎も、授業も、遠足も、給食も、部活も、教師も、クラスメートでさえも。

集団生活が極端に苦手だから。いまでも地元・渋谷にある小中学校前を通ると、おなかが痛くなってきます。燃えちゃわないかな。

そんな苦役の学校でも、いずれは卒業する。働き始める。社会に出る。

そして、人生においていちばん長い時間をかけているのは、働いている時間。〈仕事〉なんです。


いまは少なくなってきたけれど、子をもって専業主婦をしている方、ハウスハズバンド（専業主夫）をしている人もいます。それも立派な家庭内労働だけれども、その子育てだっていずれ終わる。子供は親の手を離れていく。いずれ終わるんです。

社会に出て、人とかかわる。他者を認め、他者に認められる。カネになるとかならないとかは、関係ない。〈仕事〉は、一生続く。

社会に出て、いやでも他人にまじわって、なんとか生きる。人間である以上は、仕方がないことなんです。

猟師をしているとよく分かる。わたしたち人間は、けもののように強くない。人間は、群れないと生きていけない。「他者という地獄」（サルトル）にかかわって、生きていかなければならない生き物なんです。

ということは、逆から考えれば、〈仕事〉さえ楽しければ、人生はハッピーになる。人生をナイスにする秘訣は、〈仕事〉をおもしろくする、これに尽きる。

ワークとライフのバランスの正解

ワーク・ライフ・バランスという言葉があります。わたしの勤めている新聞社でも、うるさく言われるんです。近藤さんは何時から何時まで、記事作成ソフトを立ち上げていました。就業時間を超えています。理由を述べてください。……みたいなことを、機械が指摘してくる。

うるせえよ、ほんとうに。ほっとけですよ。


ワーク・ライフ・バランスって言いますけれど、じゃあ、ワークとライフのバランスをどうしようっていうんですか？　六対四とか、七対三とか？　理想が、半々でしょうか？

「仕事とプライベートをきっちり分けて何対何の割合にしなければならないとい

うことではない」

そんなことを書いているコンサルタント系の人もいるんですが、じゃあなんだよと。だいたい、ワークとライフを対立概念として抽出している時点で、思想の浅さは歴然です。

ワーク・ライフ・バランスとはつまり、「多様なライフスタイルや生き方を受け入れることのできる職場とするための取り組み」なんて同じコンサルが書いていましたが、正体見たりです。結局、景気の調整弁として、解雇しやすい非正規社員を増やそうとか、高齢者や女性にも〝活躍〟してもらい、一生、搾取する労働力商品として扱おうという、企業側の魂胆が見え見えです。新自由主義の悪臭芬々《ふんぷん》。大嫌いな言葉です。


この思想の根底にあるのは、ワークとはライフを豊かにするため、カネを稼ぐために嫌々やる苦役という発想です。ワークが五でライフが五なら、まずは文句ないですね、と。

そうでしょうか。わたしは、苦役が五もある人生なんて耐えられません。五割のライフを豊かにするために、人生で五割、苦役を受け入れる。そんなの冗談じゃないです。じっさい、いまのわたしは、そうではない。

ワーク・イズ・ライフ。

ワークが、すなわちライフである。〈仕事〉こそ、一生をかけて完成させる、その人の表現である。作品である。つまりライフワーク。

〈仕事〉が楽しい。深い。価値を感じられる、一生を賭すに足る。

目指すべきは、ここです。

好きな仕事だけして生きていける、わけがない

ところで、「おまえは大学出たあと、いまみたいに好きなことだけ書いて、楽しく働いてきたのか」という問題です。

そんなこと、できるわけないじゃないですか。そんな世界は、この宇宙のどこにもありません。甘くない。いや、いまだってじつは甘くないです。若いころとは別の苦労、というか、越えるべきハードルがある。目標がある。エンケン（遠藤賢司）さんの歌じゃないけど、「幾つになっても甘かあネェ！」です。

ただ、三十代終わりぐらいですか、東京本社のエレベーターで知り合いと乗り合わせると、「おまえはいいよな」とよく言われるようになりました。

新聞社ってみんな眉間にしわ寄せて難しい顔して歩いていて、笑っているやつなんていないんです。風水が悪いから、わたしはなるべく会社に寄りつかないようにしていた。行きたくないんだけど、用事もあるからたまには会社に顔を出さないといけない。それでエレベーターに知り合いがいると、必ず言われてました。「おまえ、いいよな。いつも楽しそうだな」

それは、「おまえはいいよな。だけど、おれは大変なんだ」という話ですよね？「おれは仕事やってんだ。おまえはいつも、遊んでんだかなんだか分からない記事を書いて、チャラチャラした格好して」。そういう意味ですよね。本気で「おまえはいい」「おまえみたいになりたい」なんて思っていない。

で、わたしは「おれだって仕事やってんだ馬鹿野郎」なんて言い返しませんよ。そんなこと、絶対しない。

「おまえはいいよな」と言われて、「そうなんすよ。月末、銀行口座にカネが入ってきて、なんでなのか分かんないんですよ」と返してました。相手は、いやな顔をして苦笑い、それっきりです。

それは自分なりの反撃でもあったけれども、でも、「おまえはいいよな」って言われるのは勲章だと思ってました。だって、楽しそうなんでしょ？　楽しそうにプラプラして、自分の好きなことばかり書いているように〝見える〟んでしょ？

わたしもだんだん年をとって、四十歳を過ぎてくると、顔は怖いし、さすがにそういうことはなくなったんです。けれど、「おまえはいいよな」ではないが、「近藤さんはいいですよね」と言われるようになりました。ああ、同じか。同じですね。でもそれ、いまだに続いてますよ。

ただし、軽侮の調子は退潮して、羨望になりましたかね。「わたしも、いろいろおもしろい企画を持っているし、提案している。でも紙面に載らない。採用されないんです」と、後輩の記者から相談されるようになりました。「近藤さんはいいですよね、好きなこと書いて。それが載って」ということ。

苦役はおもしろくすればよい

話を戻すと、わたしが働き始めた二十代のころなんて、もう苦役が十割でした。

二十代のころから有能で、あるいは上司にかわいがられて、会社権力に取り入って、おもしろいことばかり、自分の好きなジャンルばかりさせてもらってきた。そんなうまい話が、どこにあるんですか。あるわけないじゃないですか。

というより、おもしろい〈仕事〉が、世の中にあるわけがない。

身もふたもないんだけど、世の中におもしろい〈仕事〉なんかないです。そうではなくて、〈仕事〉をおもしろくする人間がいるだけなんです。

たとえば、マーク・トウェインの生み出した永遠少年トム・ソーヤーがそうじゃないですか。おばさんに言いつけられた、苦役であるペンキ塗りを、さも、おもしろそうにやっている。すると、悪童仲間たちが勘違いする。トムはみんなを巻き込んで、手伝わせてしまう。苦役のペンキ塗りに、順番待ちの列ができる。それはつまり、トムがおもしろがってるからなんです。

新聞記者として、わたしが最初になにをしていたかというと、警察回りです。最初の一日か二日、先輩記者と一緒に、赴任した川崎支局の管内に八つもあった警察署に行く。署長と副署長に紹介される。名刺を渡す。それだけ。で、三日目ぐらいから「(サツを)回っとけ」です。ほんとうにそれだけだったんです。

こっちは学校を出たてで、警察官に知り合いなんか一人もいない。というか、警察とはあまりお話ししたくないタイプの人間ですよ。それが、刑事部屋に飛込んで、回っとけ。しかも、単に回るんじゃなくて、警察官と仲良くなって、なにか他社の知らない情報をつかんでこい、特ダネを書けって言われている。


最初に一人でサツ回りに放り出された朝のことです。川崎署の二階にあった刑事部屋前の廊下で、二、三分間でしょうか、ドアをノックするのをためらっていた。逡巡していたんです。ドアを、たたけなかった。あれは、永遠みたいに長く感じました。

意を決してドアをノックする。「おはようございます!」と元気よくあいさつする。刑事一課の刑事さんたちは、一瞬目を上げる。だれも、なにも、反応しない。席の近くにいけば「うるさいなあ、なにもないよ。副署長のとこにいけ」と邪険に追い払われる。

あのときわたしは、逡巡したけれど、結局、刑事部屋のドアをたたいた。家が貧しかったから。カネを稼がなければならなかったから。せっかくつかんだ〈仕事〉を、失いたくなかった。後ろに引けなかった。

でも、ドアをたたかないで支局へ戻る選択肢だって、あったと思う。支局長に怒られはするだろう。けれど、じきに「こいつは警察回りに向かないな」と判断されて、別の仕事（高校野球や市政担当や）に回される。そういうことだってあったろうと思います。じっさい、そんな記者もいるし。

もしもそうしたら、どうなっただろうか。いまの自分はあっただろうか。エレベーターで「おまえは、いいよなあ」と言われるようになっただろうか。

あくまでわたしの場合ですが、それはなかったと思います。ドアをたたけないで、刑事部屋の前に突っ立っていたあの二、三分を、忘れたことはありません。

「人でなし！」と言われた日

二十五歳のとき、横浜にあった鉄鋼会社のドックで船舶火災があった。検査中の貨物船内でガスが爆発したんです。船を掃除する高齢の女性らが最下層に閉じ込められ、十人以上が亡くなる悲惨な大事故でした。

書いたように、わたしの初任地は川崎支局だったので、若手ですから、もちろん呼び出されて応援に行くわけです。一面の大きい記事になりました。その一面記事は、県警本部担当の先輩記者が書く。

わたしはなにをするのかというと、ドックに行き、警察が張った非常線のいちばん手前で、突っ立っているんです。

立っているだけ。あとはなにもしない。なぜそんなことをしてるのかというと、おそらく数時間後に現場検証が終わって遺族が出てくる、あるいは警察が出てくる。その場面を、新聞やテレビは絵に撮りたい。

それだけの大事故だから、東京本社から写真部が応援に来ている。カメラマンは、わたしよりずっと年上。だから、カメラマンのためにいちばんよい場所をとっておく。そこから動くなと。動いちゃうとほかの会社のやつ、読売新聞とか毎日新聞に場所をとられちゃうから。

わたしの周りも全員、若手でした。各社の新人記者が、非常線のいちばん手前で、ずっと立っているんです。二月。真冬です。準備もなにもしないで駆けつけたから、スーツだけ。コートも手袋もない。寒いし、雨も降ってきた。

そこに、ずっと立っているんです。八時間とか。

　ところで、わたしの母親も苦労していて、料理屋の仲居とか、年取ってからはビルの掃除もしてました。だから、ドックで船の掃除をしてるおばちゃんのことは、他人事じゃないです。わたし自身が高校時代にはビル掃除をしていましたので、たいへんな労働なのは身にしみて分かる。火災に巻き込まれて、船の暗い最下層に閉じ込められ、逃げようとしても逃げ場がなく、怖かっただろう、苦しかっただろう。雨の中、ずっと立っているあいだ、想像して身につまされていました。

　明け方、現場検証が早く終わって、家族が出てきたんです。わたしの周りは、一年生とか二年生の新人記者ばかり。お互いに顔を見合わせてるんだけど、しょうがない、ちょっと近づくじゃないですか。でも、メモを片手に、「すみません、いまのお気持ちは？」なんて、だれも言わなかったですよ。そんなのだれが言うか。

　ただ、なんとなく、ちょっと近寄っていく。なんて声をかけていいか分からない。黙ってます。そして、一、二歩、近づいたら、家族の一人に「人でなし！」と叫ばれました。それだけ。なにひとつ、質問してないんですよ。近づいたら、人でなしと言われ、ひとことも発しないまま、引き返してきました。

また、非常線の最前列に立つ。みんな、黙っている。うつむいている。

肩が細雨《さいう》に濡れそぼつ。

〈仕事〉って、それですよ。わたしの新人のときの〈仕事〉って、それ。だれがおもしろいと思うんだ？　おもしろいわけないじゃないですか、こんなもん。やりがいを感じられる、世の中の役に立つ、おもしろい〈仕事〉がしたい？　学生、なに言ってんだ、ですよ。今朝、顔を洗ったか？　寝ぼけんな。おもしろい〈仕事〉なんか、世の中にあるわけねえだろ。あのときの自分だったら、そう言ってたかもしれません。

『ボヴァリー夫人』のおかげで、ブルシットじゃない

基本的に「待つ」のが事件記者の仕事です。神奈川県の公団で贈収賄事件があって、収賄が疑われる幹部職員から話を取りたいと、自宅を調べ上げ、玄関の前にずっと立っている役を命じられた。やはり冬でした。

でも、そのときわたしは、フローベール『ボヴァリー夫人』の岩波文庫を持っ

ていって、立ちながら読んでいたんです。若くて、目がよかったから、公園の薄暗い街灯で本を読めた。少し離れたところにある、職員の自宅玄関も見える。だから、公園の街灯に行って、「ここなら大丈夫だろう」と、ずっと『ボヴァリー夫人』を読んでいました。大丈夫なわけねえだろ。不審者ですよ。

夕方になってきて、腹もすいて、仕方ない、子供たちが遊んでいたんで、男の子を呼び止めて千円札を渡し、「ちょっと僕、ごめん、これで何でもいいから食べる物、買ってきてくれないかな」ってお使いしてもらいました。戻ってきて「これ、お小遣い」と釣り銭を渡そうとしたら、走って逃げていったな。まあ、そりゃそうだ。

立ちながら菓子パン食って、そこで、また読み始めました。それが一週間くらい続いたかな。だから、わたしのエマ・ボヴァリーの記憶は、暗い街灯とカレーパン、クリームパンとともにある。

これ、おもしろい〈仕事〉ですか？　これだっておもしろくはないですよ。だけど、ドックの船舶火災よりは、ちょっとましだ。『ボヴァリー夫人』を読んでたから。自分で工夫していたから。

一九八九年、昭和天皇が病に倒れます。そのときは東京本社社会部に呼び出され、見張り番をさせられました。皇居や東宮御所の前で、黒塗りのハイヤーが出入りするのを監視して、社会部の当番記者に連絡するんです。病状の急変をいち早くつかもうっていうんでしょうけれど、あれ、なんの意味があったのかなあ？ないですよ。意味のない仕事。ブルシット・ジョブ。

年末年始で、あのときも寒かった。わたしは、だいぶ賢くなっていますから、アウトドア用のコンパクトな折りたたみいすと、頭に巻く登山用の小型ライトを買ってきた。ずっと本を読むために。

そのときはプルーストでした。失われた時代が過ぎ去るのを待ちながら。『ボヴァリー夫人』より、だいぶ快適になっていますね。座れるし、明るさも十分だし。

川崎支局で小うるさい先輩に小突き回されるより、ここで本を読んでいた方がずっと「おもしろい」。しばらく長引けばいいのになあ。それぐらい不謹慎なことは思っていましたね。

これじゃないですか？　登山用ライトとアウトドア用小型いす。

つまり、世界におもしろい〈仕事〉なんか、ないって話なんです。だから、工夫する。少しでいいから、快適にする。自分で、ちょっとはおもしろいと思えるように、変えていく。

Life is adjustment.
生きるとは、創意工夫のこと。気のもちようです。

だいたい、〈仕事〉であろうとなんだろうと、人から与えられたものがつまらないのはあたりまえです。

いままで生きてきて、人から与えられたものでおもしろかったこと、ありますか？　小・中学校の宿題でも、高校の部活の朝練でも、あるいは大学の就活エントリーシートでも、会社のパワーポイントの説明資料作りにせよ。教師や上司から「与えられた」タスクは、つまらないもんだと相場は決まっている。

自発でない〝自由〟はくだらない

〈仕事〉だけではない。〝自由〟でさえそうですよ。

小学校のとき、午前中に二十分くらいの中休みがあった。「自由時間」と称していました。男子はドッジボールや手打ち野球、女子はゴム跳びかなんかして、校庭で遊ぶんですね。

わたしはある時期から友達も嫌いになったし、教室で本を読んでいたんです。そしたら担任教師がやってきて「校庭でみんなと遊べ」と命じられた。それ、「自由時間」でもなんでもねえじゃねえか。

人に与えられたものは、自由でさえ、おもしろくない。自由は、自分でつかまないと、自由じゃない。

〈仕事〉だって、自分から、自発的に、「これやってみよう」と思ったものだけが、おもしろい。そこを勘違いしちゃいけないんです。

自発こそ、おもしろさの内実です。だからこそ、ナチズムもファシズムもスターリニズムも、全体主義者は自発を嫌うんです。自発には、自由があるから。創造性があるから。いつなんどき、体制を覆すかもしれないから。

権力は、おもしろく生きている人間を恐れます。

じっさい、〈仕事〉は与えられるものじゃないです。つくるものです。作文の「作」じゃなくて、創造の「創」です。クリエイトする。

クリエイターとは、ミュージシャンや画家やデザイナーや小説家やライターだけではない。いまのサービス産業に就いている人の多くは、営業でも広報でも、経理や総務であってさえ、結局、クリエイターだと、わたしは思うんです。仕事によって、自分を表現する。表現者としての職業人。

〈仕事〉は創る――「猟師になれ」と言われた、わけがない

わたしは長崎県の旧田結村というところで、十年以上、百姓をしています。棚田で米を作っている。それから、長崎県や熊本県で鉄砲猟師もしています。これも、もう八年になります。

食肉処理業の許可もとりました。おカネこそとっていませんが、東京・下北沢のフレンチビストロに鴨肉を卸していて、毎年、わたしの鴨を楽しみに遠方から

も食べに来てくれるお客さんがいる。

これって全部、〈仕事〉です。原稿にしてプリントされていますから。だけど、新聞社が「おもしろそうだから、おまえ、百姓になってみな」なんて言うと思います？　「山に行って、鴨を撃って、それをフレンチレストランに卸して、書け」とか。言うわけないじゃないですか。

これ全部、自分が発案して、企画書を書いて、上司を説得しているんです。「読者に受けますよ。時代はいま、地方移住」とか、テキトーに。ブラフ八割で。

成算なんか、まったくなかった。無計画・無鉄砲を通りこして、世の中なめてんのかみたいな乗りで企画を考え、会社を説得し、九州に移住してきている。

結果として連載記事が読者に受けたから、いまも続いているだけです。企画は、テレビ番組にもなったし、『アロハで田植え、はじめました』『アロハで猟師、はじめました』という本にもなり、韓国語に翻訳され、海外からも取材が来て、韓国の新聞に載りました。


でもこの企画を、だれもわたしに、「やれ」なんて言ってませんよ。むしろ、会社は「やめてくれ」と思ってますね。だって、百姓はまだしも、鉄砲撃ちの猟師なんて予測不能な危険がともなうわけでしょ。猟師のイメージもよくないし。生きものを殺すわけですからね。

米作りだけにとどまっていない。大きな声では言えないけれど、なんていうか、サトウキビで作る、飲むと気持ちのよくなる透明な液体とか、造ろうとしている。いや、もしかしてほんとうに造っちゃったんじゃないの？みたいな。そんなことも新聞に書いているわけです。税務署に知れたらどうするんだ。

即刻やめてほしいと思いますよ、会社は。コンプライアンスとしては、完全に「アウト」でしょう。

だけど、読者からはファンレターが来るんです。大人気になっちゃった。だから会社も、「仕方ないなあ」という感じで、苦虫かみつぶしている。

希望の仕事とイエスのご加護

なにが言いたいかというと、〈仕事〉は自分で創るもんだということなんです。

そのためにはどうするか。

まずは「ＮＯ」って言うな。ノーという単語を忘れちゃえ。

わたしは、新聞社も、社外も、発注には全部「イエッサー」「イエスマム」で生きてきました。十本発注されたら十本受けて、文句言わずに、どんどんアポ入れして、取材して、人より多く、人より速く、がんがん書く。「はい終わり。お次は？」とか、余裕かましている。すると、また仕事が来る。

そんなことをしばらく続けていて、たまに一つだけ、「ものすごくつまんない、くだらない記事があるんですけど」「紙面の端っこのほうで、小さく、どうすか？」とか、しれっとした顔で出してしまう。原稿は書いて、完成しているわけです。

そうするとデスクが――デスクというのは新聞社でいうところの編集者、記者の上司ですね――「しょうがねえなあ」と載せてくれますよ。

デスクだって記事を十本書いてるライターが大事なんです。「こいつがいないと紙面作りに困る」と、すでに思っている。受注仕事をむちゃくちゃに引き受けているあいだに、わたしはいつしか、相手の弱みを握っている。

ところで、わたしが十本記事を書いている間に、一本しか記事を出さない記者がいたとしたら、どうですか。その記事は、時間をかけただけあって、たしかに丁寧に調べてあるかもしれない。でも、彼／彼女は、その仕事しかしていない。

人が嫌がるような、お知らせ記事や、目立たない地味仕事は、「いま、これを抱えているんで」という顔で逃げてしまう。

そうした人たちが、自分独自の企画を出したらどうなるか。通りませんよ。「その記事にはどういうニーズがあるわけ？」なんて言われます。却下される。

ところが、わたしが書きたいのは「ニーズのない記事」なんです。

そうですよ。わたしは、わたしにしかニーズがない記事を書きたいんです。そのために生きているんです。

自分では「なんだこりゃ？　すげーおもしれえなあ」って興奮している。でも、興奮しているのはわたしだけ。ほかの大多数は、ポカーン。

昔からそんなふうだったんです。一九九〇年代に日本で花開いたアンダーグラウンドミュージックもそうだった。二〇〇〇年代に東京を中心にサウンドデモが発生したときもそう。アメリカに住んでいたときは、ストリートギャングやバイカー集団に会いに行った。そのときも、同じです。

ニューヨーク・タイムズもＣＮＮもとりあげない。そんな記事ばかり書いていました。ふつうの海外特派員は、タイムズやCNNが騒いでいる記事を、追いかけてとりあげるんです。日本に紹介する。ニュースの通訳者、翻訳者ですよね。

でもわたしは、わたしにしかニーズがない記事を書きたい。自分が読みたいと思っているストーリー。日本の新聞も雑誌も、ふつうはそういうネタには見向きもしないです。でも、わたしが企画を出すと、通る。

どんな仕事の発注にも全部、「YES」と答える人生を歩んできたから。それだけのことです。


まあしかし、このがむしゃらな方法論も、すべての人にあてはまることではないとは思っていますブラック企業って、いっぱいありますからね。そんなのに利用されたら、だめです。そんな話はしていない。

クレイジーの休日

ただ、ねぇ……。どうなんでしょうか。経済学者の水野和夫さんとも話していたんですが、「わたしたちの働いていた時代、基本的に会社はブラックでしたよね」と意見が一致したんです。水野さんはわたしより十歳年上ですが、大学教授になる前にはずっと証券会社で働いていた。八〇年代のバブル期の証券会社なんて、「二十四時間、戦えますか」の世界。リゲインな時代だったんです。

いまは、ドイツの労働時間は年間で約一三〇〇時間だそうです。日本は約一六〇〇時間。日本のほうが長く働いているのに、GDPでは二〇二三年にドイツが日本を上回りました。なにか、おかしいわけですね。

先進国では労働分配率がどんどん下がっていて、資本家ばかりに利益が還元される。賃上げしたって、インフレ調整後の実質賃金は上がっていません。日本社会全体が、もはやブラックなんですよ。だからもう、賃上げなんかに期待できない。そのかわり、労働時間を減らす闘争をしなくちゃいけません。労働者は団結して、たとえば毎週水曜日を休日にする。

「聖水曜日」の制度なんてどうですか。

クレイジーキャッツに「ウンジャラゲ」というコミックソングがあって、大好きなんです。

月曜日はウンジャラゲ
火曜日はハンジャラゲ
水曜日はスイスイスイ
木曜日はモーリモリ
金曜日はキンキラキン
土曜日はギンギラギンのギンギラギンのギンギラギンのギン
日曜日はランラ　ランラ　ランラン

このころのクレイジーは、天才としか言いようがないです。「日曜日はランラランラ　ランラン」ですからね。

話がずれましたが、たとえばここで毎週水曜日を「聖水曜日」の祝日としてみる。すると、月曜も火曜も「週末」になるわけです。ブルー・マンデー、ルビー・チューズデーも、楽しい休日前に変わる。

月曜日はキンキラキンだし、火曜日はギンギラギン。そして水曜日はランラランラ　ランラン。

左手の仕事と右手の仕事

だいぶ脱線してきましたが、大丈夫。ちゃんと線路の軌道に戻ります。わたしたちの目指すべきは、これだと思うんです。毎日がキンキラキン。不可能ではない。〈仕事〉が〈遊び〉に変態すれば、実現する。最終的にこの本は、その話をするんです。

先ほど、発注はなんでも受けると書きました。自分にとってはどうでもいい企画を「はいはい」と九本書いたうえで、どうしても書きたい記事、いわば右手で書く記事を一本、載せてもらう。ほかの発注ものは、左手で、どうかすると、右足や左足で書く記事なんです。

それでも、一定水準のレベルの記事を素早く仕上げていけば、さらに注文は来る。信用もついてくる。そうすると、右手で書く記事が十本中一本だったのから、十本のうち二本、三本と、徐々に増えてくる。

それでいまは？　いまのわたしは、十本のうち九本です。九割が、自分の書きたい文章。

〈仕事〉って、そういうもんじゃないですか。NOの発音を忘れろ。全部YESって言え。

いま、新聞社の若い記者たちはほんとうにかわいそうで、会社は彼らに、カネの話ばかりしてるんです。ひとつは経費の話ですね。とにかくカネを使うな。出張も行くな。もうひとつは、PVだのCVだのいう数字の話。紙の新聞は売れないから、デジタルに活路を求める。そのために、ページビューを稼がなければならない。

これだって、結局はカネの話ですよ。

カネは重要。それはいい。しかし、カネの話はするけど、文章の話はしないんです。「あの記事は何万PVとった」とか、数字の話、カネの話ばかりなんです。貧すれば鈍する。

まあしかし、それもいいですよ。時代ですから。「数字を稼げる記事ですね？　はいはい。有名人のインタビューに釣り見出しでしょ？　どんどん書きます」とか、量産すればいい。そのうち、十本に一本は、自分がほんとうに書きたいもの、右手で書くものをぶちかます。

局地戦で目的地を見失うな

もうひとつ大事なこと。それは、局地戦を戦うなってことです。

たとえばライター仕事でいうと、発注された記事を出稿すると、原稿を受け取ったデスクが勝手に直す。そういうやつ、けっこういるんです。

自慢話になっちゃうんですが、わたしは二十七、八歳のころから、ほとんど原稿が直らなくなった。一文字も変更されない。でもそれは、例外中の例外です。

わたしのところで仕事や勉強を学んでいる子たち、二十代、三十代の売り出し中の記者、フリーライターは、そりゃあもう、原稿は直されまくります。

彼女、彼らが望めば、事前に原稿を見てあげることもある。デスクに出稿する前にわたしが見て、アドバイスする。

わたしがその原稿を見て、「オーケー。おもしろくなったね」と、ある程度まで完成稿になったとしましょう。その原稿を、なにも知らないデスクがけっこう直す。文章もそうだけど、構成を大きく変えたりもする。

それで、案の定、下手になってるんです。文章の基本が崩れていたり、構成が弱くなってスピード感が落ちていたり。すると、若い子たちは「近藤さん、これ直されちゃったんです。前の方がいいと思うんです」って文句を言う。絶対、そんな文句を言うな。下手になってていい。「ありがとうございました。勉強になりました」とにっこり笑って頭を下げていろ。

文章をいじられて、下手になってしまった。そんなこと、小さなことなんです。局地戦を戦うんじゃない。ビッグピクチャーを見ろ。

仕事は質か量か？——頼まれやすい人になる

NOと言わない。すべての発注にYESと言う。それで、なにがしたいんですか？ 最終目的はなんでしたっけ？

幸せになりたいんですよね。

〈仕事〉によって、ハッピーに、ナイスになるんですよね。

もう少し具体的に考えると、「いいライター」になりたいんですよね？ いろんな媒体から発注が来るようなライター。原稿を出すたびに「おもしろい」「独自だ」と言われるライター。やがて、大きなテーマを書ける。ライフワークを見つけられる。それがビッグピクチャーですよね。

まだ駆け出しの記者が、デスクや編集者に文章を直されたからって、いちいち御託を並べるな。そういう小うるさいひよっこライターと、「勉強になりました」と受け入れ、グラブを構えて「次、カモン」みたいに準備してるアグレッシブなライターと、どちらが使いやすいのかってことです。

相手の立場に立ってみる。相手の論理構造を理解する。これは、働く人間にとって死活的に重要です。

・NOと言わない
・局地戦を戦わない

そういう態度でいれば、洪水のように仕事が押し寄せます。そして書けば書くほど、うまくなる。そのうえに、書き手としての立場も強くなる。趣味直しをしてくるデスク・編集者が、勝手に手を入れられなくなる。もう、空気が変わるんです。あまりに忙しい売れっ子ライターには、「こいつの原稿に下手に手を入れちゃまずいな」という空気が流れる。無能なデスクほど、そういう空気だけは分かる。彼らは空気を読むから。ポジション取りだけで生きてきたから。

この話は、ライターに限らないです。学生時代からずっと貧しかったので、いろんなアルバイトをしてきました。皿洗いに居酒屋のホール係、調理人の見習い、ビル掃除にホテルのベッドメイク、土方、家庭教師、八百屋の配達にレジ係……。でも、アルバイトだろうとなんだろうと、口がうまいやつじゃなくて、だまって、陰で、誠実に働くやつ。そういうのが、正社員からも一目置かれる。じきに、くだらない嫌みもなくなる。難癖をつけられなくなる。

書くやつが、書けるようになるんです。〈仕事〉するやつが、〈仕事〉できるようになるんです。トートロジーです。

量が質を凌駕する。

冷遇されたら――筋肉と語学は裏切らない

話は少し前後しますけれど、そういうわたしも、会社内でいつも書いてきたわけではないんです。社外でフリーライターの仕事をずっとしているから、その意味ではいつも書いてはいたんですけれど、新聞社で考えると、ずっと書く場所にいられたわけではない。外されました。いちばんいやな仕事をやってました。会議するのが仕事ってことがあった。しかも他社との協同事業だったから、そのときはテレビ朝日とＫＤＤＩと、毎日、会議していた。

わたしは、会社を辞めようと思っていたんです。これ、意味ないわ。こんな人生を送りたくない。辞めようとして、じっさい、準備もしていた。

そうしたら、見るに見かねて上司が、記者に戻してくれた。「ただし、ヒラの記者だけど、いいのか？」、「ありがとうございます！　恩に着ます！」と、完全に舞い上がってました。形式的には降格なのに、なにがそんなにうれしいか。「スニーカーが五ミリぐらい宙に浮いて歩いてる」と、周りの人間にしばらく言われました。

ヒラのライターに戻してもらって、そこからは水を得た魚雷です。どんな仕事にも飛びついて、周囲の人間がどん引きするくらい、激烈に仕事した。その間に本も出版したりして。「こいつ、いつ寝てるんだ」って感じでした。

以来、会社内でも、ずっと書くポジションにいます。わたしも、〝罠〟にひっかかりました。罠にかかったけれど、なんとか自力で脱出した。くくり罠から、自分で足首を引きちぎり、逃げ出した。足首の欠けた猪です。かわいそうに、山の中にいくと、たくさんいますけれど。

書けない部署にいるときに、なにをしていたかというと、筋トレです。そのときはもう、ジムに通い詰めました。会社の地下にも簡単な体調室があって、いくつかマシンが置いてあった。ずっと筋トレしてました。

それから、外国語の勉強です。単語帳を縮小コピーして、手のひらに入るサイズの紙片にして切っておくんです。退屈な長い会議で、その紙片をめくっている。まだ目がよかったからできたんですが。手のひらのメモをひっくり返している分には、「なにか資料でも見ているのかな」と勘違いしてくれる。だから、ずっと単語を覚えていました。

不遇の一年間で、シャツが合わなくなるほど体は大きくなって、単語もすごく覚えたんです。あのときに英単語は一万語覚えましたね。英語の本を、辞書を引かないでストレスなく読めるようになった。いま、英語を原書で読めるようになったのは、書く場所から外されていたおかげです。

あとで聞きましたが、同僚はみな、わたしの行動を不審に思っていたそうです。「近藤さんが会議中に見てるの、あれはなんだ？」「(相撲で行司が呼び上げるときに見る) 番付表か」って言われていたらしい。式守伊之助かよと。

自由がないからクリエイティブ？

アレクサンドル・デュマに『モンテ・クリスト伯』という大著があります。わたしはあの本が大好きなんです。主人公が無実の罪で逮捕され、投獄される。その同じ牢獄にいたおじいさんの話が、とくに印象に残っています。

この老人はなんでも知っていて、いろんな発明もできる。「牢獄にいるのに、なぜそんなことが可能なんですか？」と、主人公が老人に聞く。するとこのじいさん、「自由がないからだ」って言うんです。

自由がないから、ギュッと空気が圧縮される。知恵でも、過去の知識でも、圧縮されるから爆発する、というわけ。

好きなことさせてくれない。望むポジションにつかせてくれない。そんな泣き言こくな。爆発するのは牢獄にいるときなんだ。

自由がないからこそ、知恵が働くし、工夫を凝らす。抑圧され、自由を渇望し、その思いがのちに創造力となって爆発する。

これはつまり、次節以降で書く〈勉強〉と〈遊び〉をしろ、ということですね。

チェーホフ、鷗外、本居宣長の共通点

〈仕事〉の話で、最後にひとつだけつけ加えると、好きなこと一本で食っていける人は、例外中の例外だということです。

小説家が小説だけで、ミュージシャンだったら音楽一本で生活できる。それは、僥倖だと思ったほうがいい。才能があるのに埋もれている人は、山ほどいます。売れた人には、才能がある。しかし、逆は必ずしも真ならず。才能がある人が、必ず売れるとは限らない。世界は公正にできていません。

チェーホフというロシアの作家がいます。チェーホフは作家でもあるけれど、ずっと医者でもあった。だいぶ売れてきて、友人から「作家一本に絞ったほうが

いい」と助言されるんですが、固辞しています。自分には医業が必要なんだと、そういう手紙が残っている。表現に少々問題ありますが、引用します。

あなたは僕に二兎を追うな、医学の仕事のことを考えるなと仰しゃる。僕にはなぜ、たとい字義通りの意味でも、二兎を追ってはいけないのかわかりません。猟犬がいるなら、追えば宜しい。(略)自分に仕事が一つじゃなく二つあると自覚すると、勇気が出て来ていっそう自分に満足できるのです。……医学は僕の正妻、文学は情婦です。一方にあきたら、僕はもう一方のところに泊る。放埒じゃあるけれど、その代りひどく退屈することもなく、そのうえ僕の背信行為のために、両者とも断然なにひとつ失うことはない。

(山田稔編『チェーホフ　短篇と手紙』)

森鷗外は、日本を代表する作家ですが、長く陸軍医官。軍の官僚です。決して官僚を辞めなかった。そういう自分を、「潔くない」とからかうような作品も書いています。自虐がかわいらしく、とてもおもしろい。

鷗村とは森鷗外、拊石とは夏目漱石のことでしょう。

「併《しか》し教員を罷《や》めた丈《だけ》でも、鷗村なんぞのやうに、役人をしてゐるのに比べて見ると、余程芸術家らしいかも知れないね。」

話題は拊石から鷗村に移つた。

純一は拊石の物などは、多少興味を持つて読んだことがあるが、鷗村の物では、アンデルセンの翻訳丈を見て、こんな詰まらない作を、よくも暇潰しに訳したものだと思つた切、此人《この》に対して何の興味をも持つてゐないから、会話に耳を傾けないで、独りで勝手な事を思つてゐた。

（森鷗外「青年」）

もっと古くは、本居宣長という国学者がいます。歴史に残る大学者です。あの人もずっと医者でした。小児科医をして、子供の患者を診て診療費をもらうと、その銭をチャリンって竹筒に入れていたそうです。そのカネで、自分の研究を続けた。古事記や源氏物語を一生読み続けた。

家のなりな怠りそねみやびをの書《ふみ》はよむとも歌はよむとも

本居宣長の歌です。

わたしはこれを座右の銘にしているんです。「家のなり」とは、生業、職業です。食うための「業《なり》」です。そういう、自分と家族のための業。家の業を「な怠りそね」、決して怠るな。

「みやびを」というのは、源氏物語や古事記やの、ああいう雅な文章を読んで研究したり、自分で和歌を詠んだり。ほんとうにしたい〈仕事〉、命を懸けている〈仕事〉をしている人です。

でも、自分にとっての本業をしていても、家の業を怠るな。そう歌っているんです。医者なら医者をやめるな。官僚なら官僚をやめるな、新聞記者をやめるなって言ってるんです。

結局、いい作品を残すには、長く、たゆまず、倦まずに続けるしかない。だからこその、家の業なんだ。

命を懸けて、人生の最後の日まで、長く続けて書《ふみ》を読み、歌を詠むため、文章を書くため。そのためにも、会社員をやめるな。

本当にしたい仕事をするための二足のわらじ

わたしは以前、フリージャーナリストを名乗る人間に、しつこくからまれたことがあるんです。元朝日新聞の記者で、わたしにはとくに意趣遺恨はない。それでも、やたらと粘着してくる。陰口を書く。

おまえはライターなんかじゃない。ライターを名乗るに値する経済的な苦労はしていない、会社員に過ぎない。

公開の場でそう書かれました。もし面と向かって言われたらただじゃあ……まあ、それはいいか。三下奴。

新聞社に勤めながらライターをやっている。それの、なにが悪いんですか？ライターを名乗るのに、国家試験でもあるんですか？

わたしは百姓をやりながら、ライターをしている。猟師をしながら、ライターをしている。米を作って、おかずをとっている。新聞社で書く部署から外されようと、出版不況で原稿料が下がろうと、雑誌がつぶれようと、本が出せなくなろうと、死ぬまでライターにしがみつく。そのための、百姓・猟師なんだ。

よく、生きる——〈仕事〉の幸福論

コンビニでバイトしながらライターをしている。作家を目指している。そういう人もたくさんいます。それの、いったいなにが恥ずかしいんですか?

むしろ、本物ってそちらだとも思う。コンビニでバイトしてでも、書きたい小説がある。描きたい絵がある。そっちでしょ、本物は。

ゴッホなんか生前、絵が売れていません。弟がおカネを援助してくれるだけ。でも描く。一生を賭けて、描いた。

ライターになりたい、ライター一本で生きていきたい。そういう方たちの前で話す機会も増えてきたんですが、でも「それが目的?」とは思います。ライター「だけ」で食うのが目標ですか?

仮に首尾よくライターで一本立ちできたとして、人間は欲の生きものですから、次から次に、欲望が出てくる。自分の欲望にさいなまれる。

いや、自分の欲望でさえないんです。

Le désir de l'homme est le désir de l'Autre.

人間は、他者の欲望を欲望する。

ラカンの言うとおりです。大文字の他者（l'Autre)、つまり近代社会や資本主義という経済システムが欲望するものを、人は欲してしまう。大文字の他者（l'Autre）とは、言語でもあります。人間を人間たらしめるもっとも基本的なシステム＝言語。言語が表象するモノやコトを、人は欲してしまうんです。


成功したい。セレブになりたい。他者に、うらやましがられたい。

だから、ライターとして生きていけるようになっただけでは不足になる。本を出版したい。講演会をしたい。ピュリツァー賞を、ノーベル賞を、とりたい……。無際限に広がっていきます。これは、苦しい人生です。


そうじゃない。

「これがなければ生きていけない」と思い詰めるほどにのめりこむ好きなものがあって、おカネや食べ物などある程度の対価が得られるならば、もう言うことないじゃないか。

「音楽ができて、それでrent（家賃）が払えたなら、あんたはもう成功者だ」

ビリー・ジョエルが言っていたことです。「ピアノ・マン」を歌ったビリーは、あの曲の歌詞同様、ほんとうによく人間を観察している。好きなことで家賃が払えたなら成功者だ。レコードを出したいとか、ドーム公演をするスーパースターになりたいとか、意味がないよと。

むしろ問題は、死ぬほど好きなことをどう見つけるかだ。表現者としての職業人になる。

わたしたちがめざすのは、そこじゃないかと思います。少なくともわたしは、「いいライターになる」のが目標です。

思い返すと、わたしは二十代のころからそう口にしてたんですね。いいライターになりたい。「いい」の意味は、まだ自分で分かっていなかった。ライターを続けるうち、だんだん、意味が深化してきた。


良く、生きる。

善く、生きる。

好く、生きる。

『三行で撃つ』というわたしの前著に、そこは詳しく書きました。

幸せの大三角のひとつの頂点は、〈仕事〉です。〈仕事〉が楽しい人が、ハッピーな人です。〈仕事〉をおもしろがれる人が、ナイスな人になります。働くことに真摯な人。自分に対して誠実で、他者に対して親切。自分の「軸」を持っている。自分の「好き」を知っている。善良な人。好人物。お人好し。

〈仕事〉に一生を賭している人は、いい人です。

第二夜話

〈勉強 study〉

大三角の三つ星のうち、
人間の成長期に重要視されるが、
本質的な意味が誤解されている

噺……(二) 記憶長屋

人生でいちばん最初の記憶はなにか。

わたしの場合は、三歳のこと。保育園から逃げた記憶が鮮明に残っている。保育園にあずけられ始めた、二日目の朝だった。

園に連れていかれる時間の近づくのが、テレビの番組で分かった。家をこっそり抜け出し、二、三軒離れた、住宅と住宅の間にある狭い空間にしゃがみこんで身を隠していた。

保育園の初日、ほとほと懲りたからだろう。二度と行きたくない。幼児ながら、固く決心した。集団生活が、どうしても苦手なのだ。食事も、歌をうたうのも、絵を描くのも、昼寝も好きだが、「みんなといっしょ」に「○○しなさい」と強制されるのが、そのころから命がけで嫌いなようだった。

当然、すべての学校も大嫌いだ。小学校も中学校も、自動車教習所も会社の研修所も、机に座って一人の話をみなが一斉に聞くのに耐えられない。

学校の〝勉強〟も、好きだったためしがない。とくに算数や数学が嫌いで、鶴と亀が何匹とか、以下の数列の和を求めよとか、クイズみたいな問題の答えを、なぜ人間が考えなければならないか。しかも時間内でとせかされて。さっぱり意味が分からなかったし、いまも分からない。

だから勉強嫌いかというとそうでもなく、とくに数学は、高校数学を網羅した全六冊本を完全に理解しようと、定規、コンパス、各色のボールペンを用意してノートに筆写している。高じて、ガロアの群論やポアンカレの位相幾何学の、初歩の初歩までは独学しているのだから、これは「数学好き」といってもいいのではないか。

学校で強制された〝勉強〟と、わたしの考える〈勉強〉とは、別物だということが、最近になってようやく分かった。ほんとうの勉強は人に強制されるものではなく、自分で自分に命じるものだ。勉強は答えを求めるものではない。むしろ問いを発見するものだ。だからこそ、勉強は一生続く。試験に受かったり、会社に入ったり、出世したりすれば終わりというのは、勉強ではない。

そんなふうに説明してくれる大人が一人でもいてくれたら、ずいぶん学校生活も違っていたのではないかと思う（都立戸山高校の数学教師で数学思想家の武藤徹さんだけは、違う表現でじつは同じことを教壇から教えてくれていたのだと、だいぶあとになってから理解した）。

三島由紀夫は、「私は自分が生れたときの光景を見たことがある」と書いた（『仮面の告白』）。ほんとうだろうか。にわかに信じがたいが、三島のような天才なら、あるのかもしれない。

勉強とは古典を読むに限ると、わたしはあちこちで書いているわけだが、三島の古典読書歴に比べれば、わたしのなどは恥じいるばかりだ。

三島が、あるエッセイで書いていた。『仮面の告白』ほかで鮮烈にデビューした新進作家だったころ、新聞社の幹部が三島に説諭《せつゆ》して、「作家は勉強につきる。毎日勉強しなさい」と言ったそうだ。あの三島に「勉強せよ」とは、新聞人ふぜいで大したものである。三島もありがたく服膺《ふくよう》したというのだから、なかなかの人物だったのだろう。昔は、朝日新聞にも偉い人がいた。

これは、わたしが朝日新聞で読書面を担当していたときの話。書評委員会は日本を代表するような知識人が、当時は集まっていた。だから、忘年会には新聞社の編集幹部も顔を出す。

ある年の忘年会で、政治部出身の編集局長が、今年の読書の収穫、といったような内容であいさつした。のちにテレビ朝日の社長になる社内エリートだったが、わたしが聞いても赤面するような、浅い読書歴であった。編集者で大読書人の津野海太郎さんがわたしの隣に座っていて、「きみ、新聞記者って、本を読まないんだね」とささやいた。

学校が嫌い。集団行動が嫌い。保育園を逃げ出すくらいの子供ならば。人に命令され、小突き回されるのに耐えられないのならば。逃げるすべは、ひとつしかない。確実に、ひとつはある。

前節の続きですが、「仕事だけやってりゃいいのか」という問題です。記者やカメラマン、フリーライターら、わたしのところに集まってくる若者がいるんです。私塾のようになっている。そこでわたしは、「仕事は人の二倍か三倍、できるもんだ」と発破をかけています。厳しいですけど。

具体的に、数字で測れとも言います。自分の部署でだれがいちばん書いているか、めぼしいやつの数字をデータベースで調べろと。で、そいつの二倍書け。

これは、わたし自身がしていたことです。性格悪い。

でも、立身出世のためにしているんじゃないです。第一夜話にも書きましたけど、自分がどうしても書きたいこと、自分にしかニーズがないこと、それを書くためには、とにかく量産するしかない。仕事量なんて、そのための隠れ蓑ですよ。だいたい、人の二倍か三倍、仕事していたって、いばるほどのことじゃない。カネもらってんだ。仕事するのはあたりまえだろ。

あとで書きますが、きちんと仕事をしていて、そして、人の二倍か三倍、遊んでいたら、それはいばってもいい。真剣にやるのは〈遊び〉です。遊びこそが、わたしたちの本領です。

〈仕事〉だけしていた結果

それはまたあとの話として、とにかく〈仕事〉だけやっていて、それでいいのか？　いいわけがない。つまんない人間になる。つまらないことを書くライターになる。

それよりなにより、まず、枯れます。アウトプットばかりしている職業人は、早晩、終わる。

わたしにも経験があるんです。アウトプットばかりでインプットができない。本や雑誌や、新聞でさえ、他人の書いた文章が一つも読めない。そんなときがあった。あまりにも忙しくて。読むのは取材資料だけ。

なにしろ「ＮＯ」と言わないわけだから、どんどん仕事が来る。仕事が来れば、受ける。大量に、高速で書く。だからうまくなる。文章だけじゃなくて、取材も上手になる。アポの入れ方や、取材の切り上げ方が要領よくなる。

マルチタスクがあたりまえになります。いつでも、複数の〝アプリ〟を立ち上げている。大きなフィーチャー記事も、小さなお知らせ記事も、それぞれ複数本、同時進行している。

原稿を書いているときも、取材で人の話を聞いているときも、食事しているときも、寝ているときでさえ、いつでも、別の仕事のアポ入れや締め切りが頭をよぎっている。街を歩いていて、よく、「あっ！」とか、小さく叫んでました。

「あのアポ入れ、忘れてた！」

「あの資料を入手するの、忘れてた！」

そのうち、頭の周辺から焦げくさい臭いが漂ってくるんです。エンジンの焼けるような臭い。いつもフルスロットルで頭を高速回転させているから。脳のエンジンが悲鳴をあげているんですね。

ただ、そのときのわたしにはいい編集者（デスク）がついていてくれた。

「おまえはいま、本なんか読まなくてていいんだ」みたいな感じでした。「いまは、おれの言ったネタを追いかけて、言ったとおり字にしてまとめればいいんだ」みたいな。口には出さないけど。もう、顔に出ているんです。わたしの企画なんて聞いてもくれないし、そもそもそんな暇、企画を考える時間さえ、わたしにはない。それぐらい、この人から発注されていた。

そのときは文字通り、朝から深夜まで、土曜日も日曜日も、働いていました。休日なんてない。雑誌の立ち読みもできないんです。本屋に行く時間が作れない。

プロとして仕事漬けを経験する

企画を立てるには、新聞書評の切り抜きと書店の定点観測は必須です。前著『三行で撃つ』にも、自分でそう書いているくせに、当時は書店に立ち寄る時間さえなかった。だから、一年経つと、枯渇しましたよ。カラカラ。音がしました。逆さに振っても、土瓶のかけらも出てこない。

でも、その経験がよかったんじゃないかな、とも思う。アウトプットばかりしてインプットをしないと、枯れる。ライターとしてだめになる。そのことが、頭じゃなくて体で分かった。実感できた。

そして、脳は使えば使うほど、回転が速くなるのも分かった。仕事は、詰め込めば詰め込むほど、大量にできるようになる。単純に、処理スピードが上がるんです。

その人はいい編集者だったから、結果として、たいへん勉強になりました。

でも、こういう状態は、何年も続きません。死んじゃいますから。二、三年で終わって、わたしには、もっとよい仕事が来ました。具体的に言うと、ニューヨークに行きました。海外特派員になれた。英語もできないのに。

その編集者（デスク）が推薦し、押し込んでくれたんでしょう。でも、周りのだれも文句は言わない。言えない。仕事量で圧倒していたから。そういうものです。

二、三年間、なにも考えられないくらい、仕事漬けになる。一生に一回ぐらいは、それもいいんじゃないかと思います。なんでも経験ですよ。一生続きやしない。まあでも、そこは個人差があるかな。体力も差があるし。無理強いはしないです。
ただ、プロ野球の名選手・落合博満が書いていたことですが、人生のある一時期、「夢中になる」というのが、プロにとっては必須なことなんです。レギュラー選手が、けがかなにかで欠場した。あるいはトレードでチームを去った。ふだんは控えである自分に、チャンスが転がってきた。そういうときに、恋人も、妻も子供も、なにもかも忘れて没頭する。夢中になる。そういうのは、「感性」だと書いてます。夢中になる感性。センスの話。

のちの、〈遊び〉の第三夜話でも強調しますが、夢中になるセンスというのは決定的に大事です。

〈勉強〉とは読書である——第三次産業の社会

話を戻すと、脳の処理スピードは、使えば使うほどに上がる。人間の潜在能力は計り知れないものがある。先にも書いた『モンテ・クリスト伯』の、独房にいる老人と同じですね。

絶対にNOと言わない。そういう態度でいると、生活が〈仕事〉ばかりになります。そうすると、つまらない人間になる。アウトプットばかりしてインプットしないのでは、どんな巨大なダムでもいずれ涸れる。

そしてそのインプットを、わたしは〈勉強〉だと定義しているんです。ライターにとってのアウトプットは書くことです。ライターにとってのインプットは、あたりまえですけど読むこと。だから、読むことが〈勉強〉です。

これはライターだけじゃないと思います。現代社会に生きる、ほとんどすべての職業人にとってのインプット、つまり〈勉強〉とは読むことだ。なかんずく、本を読むことになる。

日本だけではなく、欧米でも、先進国の労働人口は第三次産業に偏ってきています。農業や水産業、林業、あるいは工場労働者は、どんどん新興国の安い労働力が担うようになってきている。少し前までは中国が、その後はトルコにメキシコ、東南アジアのいわゆる「グローバルサウス」が、世界の工場になっている。

トランプ大統領を誕生させた熱烈な支持層は、アメリカのかつての工場地帯、ラストベルトに住む白人のブルーカラーだと言われています。これも当然で、アメリカの工場労働者たちは、ものすごい勢いで新興国の安い労働力に仕事を奪われている。そうした不満を持つ人々が、ポピュリストの大統領を生む原動力になった。

第三次産業への、労働需要の偏在。そのよしあしを、ここでわたしは問題にしていません。どちらかというと「よろしくない」と思っている。だから自分自身は百姓になり、猟師になり、食肉処理業者になっているわけです。それはまた別の話として、単に現状認識として、好むと好まざるとにかかわらず、先進国に住む人の多くは第三次産業につかざるを得ない。多くはサービス業になるでしょう。

コミュニケートは現代人の武器——言語能力

サービス業に勤めるほとんどの人にとって、勉強とは、本を読むことになる。なんとなれば、サービス業というのはコミュニケートが武器だから。言葉によって人を、人の感情を、人の態度を、動かすことだから。「サービス」というのは、究極的には、言葉を鍛えることです。

猟師をしていると、肉体労働ですから、ものすごい腹が減る。長崎だから、よく全国チェーンのちゃんぽん屋に入る。そこで、こまが回るように働いていたウェイトレスが、大きな声で「二十八番のお客様、二十九番に移動されました！」と叫んでいた。この方は、この店でも、あるいは職を移っても、できる人になる、リーダー格になる。出世するだろうなと思います。移動「された」って敬語、言えないんですよ。マニュアル以外の言葉を発することが、ふつうはできない。

その足で、銃砲店に入りました。聞きたいこともあったんで「社長さん、いらっしゃいます？」とわたしが事務員に聞いたら、「社長は、いらっしゃいます」と答えてました。別に怒りゃあしないし、不快になったわけでもないですが、彼女、大丈夫かなあ、がんばってほしいなあ、とは思いました。「社長」も「いらっしゃる」も、だめでしょう。ダブルで減点。日本語は難しいです。

いや、日本語だけじゃない。何語であっても難しい。言語でコミュニケートするというのは、奇跡みたいな出来事なんです。人間の、人間たるゆえんでもある。ウィトゲンシュタインに『哲学探究』という、冗談みたいに難しい本がありますが、この本の要諦もそこです。コミュニケートは難しい。言葉を操るとは、むしろ奇跡だ。その事実に、新鮮に驚いている。画期的な本です。

言葉で他者に情報を伝えるだけでも難しい。ましてや、他者の感情に訴える、考えに影響を与える。同感はしないまでも、共感させる。言葉が他者に届くというのは、たいへんな高等技術なんです。

あなたの話は聞くに値するか？——ナラティブと語彙

サービス業の急所はそこです。

わたしは前からずっと、「ライターはサービス業だ」とあちこちで言っているし、書いてもいる。言葉で読者を説得する、場合によっては感動してもらう。そういう仕事をしているんだ、と。

そして、これはサービス業にたずさわる、ほとんどの人にあてはまる原則なんです。

ありきたりな言葉、常套句なんか使っていては、だれも説得されません。感動なんかしてくれません。

わたしは、本をたくさん書いているから、読者の方に「近藤さんの本、読みました」と言われることが、ちょくちょくあります。ありがたいです。でも、その後に続く言葉はたいてい「おもしろかった」「感動した」。以上。この二つです。

これは、わたしだけじゃないと思うんです。大作家だって、ほとんどの読者には、おもしろかった、感動したと言われているんじゃないかな。

それを聞いて、作家はうれしいと思います？　いや、うれしいですよ。ありがたい。でも、記憶に残りはしません。顔もシチュエーションも覚えていない。

具体的に、どこがおもしろかったのか。またそれが、自分という人間にどう響いたのか。どのような質の感動になって、立ち現れたのか。

ありきたりな語彙ではない言葉で表現できる人、予想していなかったロジックで評してくれる人に、「えっ?」となって立ち止まるんです。

言葉を磨かなきゃいけない。ロジックを堅牢に、独創的にしなければならない。ライターだけでなく、サービス業に就く多くの人は、言葉によって働いている。だからこそ、「表現者としての職業人」とわたしは言っているんです。

いや、ほんとうのことを言うと猟師だって同じです。猟師は、基本的に人に嫌われる。わたしの読者にだって、不興を買っていた。「動物が可哀想」だとか。近隣住民にも嫌がられます。だれしも、自分の家の近くで殺生なんかしてほしくない。

だから、住民とトラブルになる猟師は多い。わたしにも、経験があります。

あるとき、大型犬を三匹連れた男性に、いきなりどなられたことがあります。

けものを撃って、回収して、軽トラで引き上げようとしたら、行く手をふさぐ。「殺すなよ！」と大声でどなってきました。

こっちは合法的に猟をしているんだから、べつに謝る筋合いなんかない。だけど、ここでトラブルを起こしたって、今後、猟がしにくくなるだけです。

犬がいてちょっと恐ろしかったんだけど、軽トラを降り、帽子を脱ぎ、姓名を名乗って、少し話し始めました。

ですね？　わたしも猫好きなんです。なぜ猟が嫌いなのか？　犬や、動物が好きなんです猫はかわいいけど、猫もハンターなんですよね。年間、何百と小動物を殺すんです。

あまり食べない？　でもベジタリアンではない。旦那さんは肉は食べないですか？　あ　スーパーで売っている肉って、牛や豚や鶏が、どんな環境で飼育され、屠殺されているかは、ご存じですか？

自分は、こういう理由で猟師を始めた。こんな理由ではまり込んでいる。熱中している。けものを虐めて、楽しんでいるのでは、決してない。猟が、文章を書くことにとてもよく似ているから。自分にとって、猟とは、生きることと同義になってしまったから……。

まあそんなようなことを蕩々《とうとう》と話し始めるんですが、相手の考えを変えようなんて思っていません。自分の思い、考えを伝えているだけ。でもそこに、飽きさせないナラティブ（伝え方、節、叙述性）があれば、たいていの人は聞いてくれるものです。なにしろ、ふつうの生活では、ナラティブを聞いたことがないし、ボキャブラリー（語彙）を持っている人に会ったことさえないんですから。

コミュニケーションをとる。人間の場合、それは言語によってです。だから、人間の勉強とは、言葉を磨くことである。叙述のフローを鍛える。語彙のストックを蓄積する。

したがって、〈勉強〉とは、本を読むことになる。

年間百冊読む人は本を変えたほうがいい

〈勉強〉として文字を読むならば、紙の「本」に限ります。電子書籍や、新聞、雑誌、ネットにユーチューブ、ＳＮＳじゃだめなんです。

本は、遅い。本は、高い。難しい。分からない。

そう思っている人は、ぜひ、前著の『百冊で耕す』を読んでほしい。本は、いちばん手軽で、いちばん速く読める。安い。難しいかもしれないけれど、「分からない」でもいいんです。いや、分からなくさせるのが、本の真骨頂です。

〈勉強〉は、紙の本に限る。理由は、前著にくわしく書いてあります。ここではその方法論を要約して書くと、①海外文学②日本文学③社会科学もしくは自然科学④詩集の四ジャンルの「古典」を、一日十五分、合計で一時間、読む。毎日読む。これです。「古典」とはなにもアリストテレスや源氏物語だけではなく、「死んだ人」の作品ならば「古典」としてとらえてよい、としましょう。ゲームのルール。

紙の本も、漫然と読んでいればいいわけではない。「年間百冊以上、読んでいる」と自慢する人がいますが、おそらくそれは、読みやすい本、自分の頭に入ってくる本を読んでいるんじゃないでしょうか。

言い換えれば、すでに知っていることを読んでいる。

まさかと思うけれど、ドゥルーズや西田幾多郎やアインシュタインの本を、一日一冊ペースで読めるわけではないですよね。そんな人って、世界にいるんでしょうか？

ですから、年間に百冊も読める人は、読む本を変えたほうがいいです。

どうやって変えるか。

わたしは、もうしつこく、あちこちで言ったり書いたりしているんですけれど、リストです。必読書リスト。リストこそが、〈勉強〉としての読書に必須の道具です。

どんなリストがいいのか。これも、前著『百冊で耕す』に詳述しているので参考にしてほしいです。いくつかリストをあげているし、わたし自身で作成した、おすすめリストも巻末にあります。

それだけに限らず、あらゆるジャンルで必読書、つまり古典を選んでいる先輩読書家はいるものです。自分の気分にあったリストでいい。

「リストは完全制覇しろ」「すべて読め」とまでは言いません。言いませんが、まあ半分くらいは、読んだ、あるいは書店で、図書館で実際に手にした、というところまでは、がまんして付き合います。

自分を変える――ボブ・ディランとプロデューサー

リストとは、分かりやすく言うと、音楽でのプロデューサーですね（これで分かりやすくなってるかどうか、ちょっと自信がないですが）。

ボブ・ディランでもだれでも、最初、ミュージシャンは自分たちの色を出したい。自分の音を追求する。好きなように歌い、楽器を弾き、ミックスする。しかし、それだけではだめだ、壁にぶち当たる。自分たちでも分かってくるんです。自分以外の才能を、外部から入れなければならない。

それが外部プロデューサーです。外から知恵と知見を入れるんです。ディランは、スーパースターになったあとでも、たとえばダニエル・ラノワみたいな大物プロデューサーを起用する。「おれの新作をプロデュースしてくれ」って任せるんです。

ダニエル・ラノワは、当然、ディランの作品はリスペクトしている。いろいろと「こういうふうにするといいんじゃないか」とか、助言するわけです。でもディランはそれを無視したりするらしいんですよね。ダニエル・ラノワ、ものすごい傷ついただろうなって、笑っちゃうんだけど。

まあでも、そういうことですよ。自分を変えるってことです。外部プロデューサーを入れて、自分を強制的に変える。転がる石になる。

そして、必読書リストこそが外部プロデューサーです。自分の知っていることを、年間百冊も読まない。違う世界を知る。自分とは違う、世界のとらえ方を学ぶ。

つまり、ベクトルを変えるんです。

難しくても、気に食わなくても——選書リストに従う

わたしのいちばんのおすすめは、柄谷行人さんや浅田彰さんが執筆している『必読書１５０』(太田出版)というものです。これは難易度の高いリストです。全部読んだら、たいへんなものだと思います。立派な知識人です。

選者の一人は「読んでいないものもたくさんある」と告白しています。別の選者は「発売後に、未読だった本を慌てて読んだ」と、別件の取材でわたしに明かしました。このリストを全部読め、と言いたいところですが、「読もうとする」だ

けでもいいじゃないですか。読もうと努力する。いちおう、試みる。それだけでいい。心意気を買います。

たとえばスピノザの『エチカ』が入っていますが、エチカ本体を読まないでもいい。読もうとするだけでいい。つまり、エチカやスピノザについての、初心者向け解説書を読む。新書一冊くらいのボリュームで。それでも、よしとします。

私塾に学びに来る若者たちにも、リスト読書は課しています。でも、いろんな個性の人がいるから、勉強をやめちゃうのもいるんです。「一年間だけでいいから、試しにリストを使って勉強してみな」と教えても、やめてしまう。やはり、難しいんですね。〈仕事〉との両立が。

やめちゃう子のうちの一人が、「近藤さんがすすめた必読書150って、男ばかりだから」と言っていたらしいんです。男によって作られた思想だし、男によって作られた文学じゃないかって、その女性は不満を漏らしていたらしい。

その通りですよ。

男によって作られた思想、文学が、既存のリストには並んでいます。でもそれは、女性に才能がないからじゃありません。社会のシステムとして、女性は抑圧されていた。女性が発表できないように、社会の仕組みを作っていた。文学でも思想でも科学でも政治でも、制度的に抑圧されていた。だから、過去の古典を読もうとした場合、その対象に女性が少なくなるのは、むしろ当然でしょう。

ただ、「リストに女性が少ないから読むのが嫌になった」とは、それは言い訳です。たとえば必読書150リストの中に、女性も五人いる。たしかに驚くほど少ないです。でも、まずはその作品を全部読めばいいじゃないですか。で、ほかのリストにいくんですよ。

リストはなにも必読書150だけじゃない。いくらでも出ています。ほかのリストにあたって、女性作家、女性の思想家ばかりを読むんです。それからまた別のリストにいく。女性ばかりを読む。いいんじゃないですか。

そしたら自分で「女性ばかりの絶対必読書リスト150」を作れますよ。「女性日本文学必読書50」「女性海外文学必読書50」「女性思想・社会科学必読書50」とか。作ればいいじゃないですか、彼女が。

わたし、それほしいです。あったら買いますよ。そのリストを制覇したい。もはや立派な〈仕事〉になります。売れるんじゃないかな。

じっさい、日本の女性詩人ばかりを集めたアンソロジーをいくつか持っていて、たいへん〈勉強〉になりました。詩の、よってたつところが、女性は強いなと感じました。男の甘ったれたロマンチシズムに薄いというか。おもしろかったです。

〈勉強〉とは百姓になること──パラノイアの集中

〈勉強〉とは、言ってみれば百姓になることです。わたしも百姓なので、実感で分かるんですが、百姓とは、去年よりも今年なんです。米なら米、麦なら麦の、生産高を上げていくことに血眼になる。今年よりも来年、来年よりも再来年と、増産していく。躍起になる。

あたりまえだけど、そのほうが豊かになるでしょう。自分や自分の家族で食べきれないぶんは、余剰生産物なわけだから。

歴史的には、余剰生産物ができることは、不労階級が生まれることを意味します。権力とか支配層は、定住と農耕によって生まれたんです。

権力の発生当初、その源泉は腕力だったのかもしれない。でも次第に、話術や交渉術によるコミュニケーション能力、言葉の力が重要になっていったんでしょうね。カリスマ的指導者が、その他大勢を糾合して、力を得る。権力になる。

権力者は、偏執狂です。世界を見てください。絶対的な権力者ほど、権力に固執する。死ぬまでしがみつく。「ただの人」になることを、恐れます。権力者がただの人になるのは、死を意味します。次に権力を握った者が、必ず復讐してくる。歴史上の独裁者を見ていると、よく分かる。

そんな権力者なんて、わたしはいやですよ。なりたくもない。だけれども、〈勉強〉に限っては、そこがいいんです。今年よりも来年、来年よりも再来年。どんどん豊かになりたい。深まっていきたい。知りたい。

パラノイアですよね。偏執狂。〈勉強〉というのはパラノイアな百姓になるってことです。

耕す。もっと深く、もっと広く。自分をカルティベート（耕作）する。自分という畑を、みのり豊かな土壌にしていく。

だからこその、リストです。リストを探してきて、未読を既読に変えていく。蛍光ペンで消して、つぶしていく。制覇する。

わたしはリスト読書を高校のころに始め、かれこれ四十年以上続けています。まだ続けている。自分で思いますけれど、病気ですよ。でも、〈勉強〉ならばいいんです。病気になるほどやれってことです。〈勉強〉では、パラノイアになれ。

大人の〈勉強〉は自分への強制

そして、リストの本分は、強制的に学ばされるということです。当の〈勉強〉をしている最中は、この〈勉強〉がなんの役に立つのか、分からないんです。分かっちゃいけないんです。分かっていたら、それは自分のすでに知っていることを焼き直しで繰り返しているに過ぎない。〈勉強〉の本質は、だから、している最中は「なんだこりゃあ?」でなければいけない。

子供のころを思い出せば分かるはずで、かけ算の九九を暗記させられたときに、「これがなんの役に立つのか」と考えましたか? もっと昔、幼児が親から言葉を口移しされるとき、「日本語はグローバルじゃないから英語がいい」なんて選べましたか? 大人は、世界は、そういうリクエストを受け付けないんです。〈勉強〉の本質は、強制です。

ただ、ここが大人になってからの〈勉強〉の、もっともおもしろいところですが、大人の〈勉強〉は、ほかの大人や世間から強制されたものではない。強制するのは、自分なんです。自分が自分に命じている。おまえは変わる必要がある。おまえにはまだ伸びしろがある。まだいける。成長途中だ。

おれは、こんなもんじゃない。

そうやって、自分が自分に命じているからこそ、いい大人になってまで、小難しい本を、ときには外国語で、辞書を引き引き、数学だったらノートに数式や図を書き写して、定規やコンパスも使って、〈勉強〉している。

他者が命令するのではない。自分が自分に命令する。

Dem wird befohlen, der sich nicht selber gehorchen kann.

自己に服従しえざる者は他者によって命令せらるる

（ニーチェ『ツァラトストラかく語りき』）

わたしは、学校と名のつくものは、どれもこれも大嫌いでした。小学校も中学校も、思い出すとおなかが痛くなるくらい嫌いだった。勉強が嫌い、だったわけではどうやらない。命令されていたからです。他者に命令されるのが、わたしはほとほと嫌いなんです。

他者に命令されるのが嫌いな人は、自分で自分に命令するしかない。ニーチェの書いたとおりです。

一流は〈勉強〉している――転がる石になる

そして、〈勉強〉している人は、かっこいいとも思う。

ライターだけではありません。ミュージシャンだって画家だって、アスリートも、人の気持ちをうつことができるのは、〈勉強〉している人です。自分を、変えている人です。転がる石。

史上最長寿のロックバンド、ローリング・ストーンズは文字通りの転がる石です。黒人音楽のR&B好きでキュートなルックスの五人組が、女の子にキャーキャー言われてデビューして、変化しなかったらそこで終わります。そんなバンドは掃いて捨てるほどある。今後も出る。

彼らはそこで変わった。ブルースなどアメリカ黒人音楽を、勉強し直した。カントリー／ウエスタンの白人伝統音楽も探究した。七〇年代初頭の奇跡の名作群は、そうした彼らの研究によってできあがったものです。

どんなに売れても、成功しても、〈勉強〉をやめなかった。レゲエを学んだ。いまはディスコがはやってる？　じゃあディスコミュージックだ。若いやつはパンクだと？　パンクのビートってどんなだ。

どんどん吸収して、自分たちを変えていった。二〇二三年に出た新作は、配信音楽を深く研究しています。

才能にあふれたストーンズでさえこうなんです。天才でもないわたしたちはなおさらです。〈勉強〉して、自分の殻を破っていく。自分を変えていく。外部の力によって変える。その道具が、しつこく繰り返しているリストです。

なにも『必読書１５０』だけがリストではなく、いろいろあります。詳しくは『百冊で耕す』を参考にしてください。なるたけ権威主義的な、オーソドックスなリストの方がいいです。正典（カノン）を学ぶ。そうすると、異端（オルタナティブ）のおもしろさが、より分かるようになる。

人にやさしく——〈勉強〉の「得」と「徳」

身もふたもないことですが、〈勉強〉をすれば「得」をしますよということです。社会人になっても自らに〈勉強〉を課している人は、極端に少ないです。少ないということは、市場経済においては価値を生むことです。「得」をするためには、人がしていないことをしなければならない。

しかし不思議なことに、〈勉強〉には「徳」もあるんです。勉強をしていると、いかに自分がつまらないものか、よく分かる。自分の考えなんて大昔の人がとっくに考えている。自分の悩み——それが恋の悩みであろうと名誉欲であろうと金銭欲であろうと——なんて、シェイクスピアが全部書いている。あるいは紫式部が全部見通している。そういうことが分かってきます。たいしたやつじゃないんです、「自分」なんて。

勉強の「徳」はそこです。自分なんかたいしたことない。でも、隣のあいつも、テレビやＳＮＳで声の大きいあの男も、ベストセラーを連発してそうなあのおっさんも、みんな同じです。たいしたやつじゃない。小さい。そういうことが分かるのも、勉強のおかげです。

自分なんか小さい。卑しい。それどころか、生まれながらの罪人だ。そう知るからこそでしょう、他人にやさしくできるのは。道徳や修身の時間に教えられるから、親切心をもつんじゃない。勉強するから、世界の広さ、宇宙の無限を知るからこそ、人に親切になれる。

宇宙の歴史は百五十億年といわれます。二兆個もある銀河は、さらに数千億もの恒星で構成される。銀河系の端っこにある太陽系、その惑星のひとつの地球には、五十億年の歴史があります。どういう奇跡か偶然か、地球に生命体が生まれ、そのまたどういう偶然かで人類が二足歩行を始め、手が自由になったので道具を創り、ものを考えるようになり、自分より強いけものを倒せるようになり、定住し、農耕で生活が安定した。言語システムを構築し、文字を発明した。そうした生活を一万五千年ほど続けてきた。

その宇宙にあって、地球の長い歴史のなかで、ほんの百年程度しか生きられない塵芥《ちりあくた》のような人生を送っているわたしと、隣にいるあなた。あり得ない偶然で相会している二人が、なぜ苦しめあう必要がありますか。
　奇跡的なこの偶然だけでも、互いに親切にする理由には、十分ではないんですか？

Folks, I'm telling you,
birthing is hard
and dying is mean —
so get yourself
a little loving
in between.

(Langston Hughes 'Advice')

　ラングストン・ヒューズのこの詩は、いろんなひとが訳して、歌われてきました。わたしがいちばん好きなのは、ブルーハーツのマーシーによる訳です。

生きているっていうことは
カッコ悪いかもしれない
死んでしまうという事は
とってもみじめなものだろう
だから親愛なる人よ
そのあいだにほんの少し
人を愛するってことを
しっかりとつかまえるんだ

（ザ・ブルーハーツ「チェインギャング」）

勉強の「徳」とは、これです。生きて、死ぬあいだの、ほんのわずかな瞬間。そのあいだに、なるべく腹を立てない。いらいらしない。微笑んでいる。親切にする。自分のできる範囲で、人を助ける。

わたしたちは究極、「人にやさしく」（ブルーハーツ）するために、〈勉強〉しているんです。

第三夜話

〈遊び play〉

大三角の三つ星のうち、
蔑ろにされる傾向にあるが、人生を陰で司る

噺……(三)

博奕《ばくち》風景

「飲む、打つ、買う」と俗に言う。酒にばくちに女郎買い。男の遊びはこの三つという謂《い》いだ。女の遊びは「芝居、唐なす、いも、こんにゃく。ご婦人はどうも安上がりにできております」とは、三遊亭円生の噺のまくらだった。

古今亭志ん朝が、落語「子別れ」だったかのまくらに、大名人だった父、志ん生の教えを語っている。

酒や女遊びはいい。ばくちはいけないよ――。どういうわけですかってえと、酒やご婦人におぼれているときの殿方は、なんていうか、目がポーッとしている。ばくちに狂ってる男は、勝ってるときはいいが、負けが込むと、目に、こう、険が出てくる。あれがいけないって言うんですな。

身にしみて分かる。

わたしの父親がギャンブラーだった話は、何度か書いている。このおやじには心底苦しめられて、修羅場も見た。ばくちは、家庭の空気に険が出る。

まだどこにも書いたことはなかったが、書きたくもなかったが、借金まみれのこの男は、カネを巡って刃傷《にんじょう》沙汰の事件を起こしている。逮捕された。新聞の社会面に載った。その後、実刑を食らった。

兄とわたしは中学生で、弟はまだ小学生だった。両親共働きだから、夜、子供だけで過ごすのが常だった。新聞記事が出た晩、母親は仕事なのか警察なのか、どこかに外出していた。子供三人だけの家に電話がかかってきた。弟が出た。

電話口の、声を聞くともなく聞いていると、おやじの話であるようだった。たいへんねえとかなんとか、相手の女の声も聞こえる。

「だれだよ、かわれ！」と受話器を取ったら、切れた。相手は名を名乗らなかった。同じ中学か小学校の、ガキの保護者だろう。心配なんかしていやしない。新聞記事がほんとうかどうか、確かめに電話したやじうまだ。

世間とか、人間というものに、ほとほと愛想を尽かしたのは、あのころからだ。

こういうおやじがいたから、わたしは、打たない。ギャンブルと名のつくものは、なにひとつしない。競馬も競輪もポーカーもルーレットも、パチンコさえもしない。麻雀はルールを知らない。IR構想とか進めている政治家は、全員、死にゃあいいと思う。

わたしは、かなりな酒好きだろう。しかし、酒で乱れたことは、たぶんない。人に喧嘩をふっかけることもない。家でレコードを聴き、本を読みながらのひとり酒が好きなのであって、大勢の飲み会もおしゃべりも好きじゃない。スナックにもバーにも、自分一人だけなら行かない。

「買った」ことは、一度もない。「キャバクラってなにするところ？ピンサロってなに？」と後輩記者に聞いて、そこからですかと、まじめにあきれられたことがある。

時間がもったいないと思うのだろう。そんな暇があったら、本を読み、文章を書いていたい。

ギャンブラーおやじのおかげで人生を過《あやま》たずに済んだのだといばりそうになっているが、「打つ」のはしないが、「撃つ」のはしている。鉄砲猟師になった。

山の奥深く、身を潜めてけものを狙う。相手が動く瞬間をとらえて、引き金を引く。仕留めて、回収できたときの快感は、なににたとえようもない。

逆に、大きな群れがいて、それを全発、外しでもしようものなら、「なんで？　なぜあれを外すの？」。散弾銃を下げたまま、十分以上も、その場に立ち尽くす。自分が情けなくて、動けない。

風が吹く。木の葉が鳴る。

軽トラに乗り込んでも目はうつろ、口を半開きにしたまま。口を閉じる筋肉が動かない。漫画によくある表情を、実際にするやつがいるとは、初めて知った。

あとは、仕事にもなにも、なりはしない。めしも食いたくない。人と口をきいたら喧嘩になる。

猟とは、ギャンブル性の高い営みだ。猟場に獲物がいるかどうか、分からない。分からないのに、わざわざ遠回りして、やぶやいばらをすり抜け、迂回のアプローチで近づく。

苦労して近づいても、いないときのほうが多い。そうして、「どうせ今日もいない」と手抜きして、簡単なアプローチで近づくと、そこには鴨の大群が休んでいて、驚いて飛び立っていく。

銃をどんなに練習しても、当たる／当たらないは、運に左右されることが多い。けものは、どちらに逃げるか分からない。〝ばくち〟だ。

当たったときの快感がくせになり、また出かける。外すと、「ど下手野郎。おまえみたいなまぬけは死んじまえ！」。山で自分を撃ちそうになる。

憎んだおやじの血が、自分にも流れているのではないか。そう思うといやになる。なぜ、こんなに夢中になってしまうのか。正気の域を超えているのではないか。目に、険が出ていないか。

この話じたいは、なんだか目がポーッとしているようにも、思うが。

幸せの大三角の、もう一つの頂点にあるのが、〈遊び〉です。

遊びとは、辞書を引くと、「なぐさみ」とか「余裕、ゆとり」とあります。「酒色にふけること」なんていうのも出てきます。まさしく「仕事や勉強の合い間」という意味を載せている辞書もありました。

古語辞典には「神事としての芸能・狩り。行楽。遊宴」と説明されています。古代、狩猟は〈遊び〉であり、また神聖なこと、神事だったんですね。わたしも猟師なので、肌感覚でよく分かります。

白川静『字統』によれば、「遊」はもともと「斿《ユウ》」の字に由来していて、神霊の遊行に関して用いたそうです。転じて、「自在に行動し、移動するもの」を遊びとした。また、「うかれ・遊びは、すべて人間的なものを超える状態をいう語」だとも解説しています。

辞書というのは、いいものです。自分のたんなる直感が、学問的な正当性を持っていることもある。そのことを教えてくれる。

この節でいいたいことのすべてです。大事なので、再掲します。

〈遊び〉とは、「人間的なものを超える状態」である。

〈遊び〉は、〈仕事〉や〈勉強〉の合い間にするものです。言い換えれば、〈仕事〉や〈勉強〉だけしていては不完全です。合い間に〈遊び〉が挟まって、やっと三角形は完成します。

〈勉強〉は、直接的に〈仕事〉に役立ちます。しかし〈遊び〉は、なぐさみであり、余裕、ゆとりです。

つまり決定的に大事なのは、〈遊び〉は、直接的に仕事に役立たない。役立ってはいけないということなんです。

むしろ周りに「なんでそんなことやってんの?」と不思議がられる、場合によっては心配されることでなければいけない。酒色にふける、ということも意味するんですから、常識的にはあまりよろしくないもの、芳しくないものであってもいい。それを〈遊び〉と呼ぶんです。

〈遊び〉と〈勉強〉の接近

たとえば音楽は、わたしにとって、いまは〈仕事〉になっています。原稿を書いて、おカネをもらってますからね。

でも、ものを書き始めた当初、音楽はわたしにとって〈遊び〉でした。音楽についてわたしになにか書いてくれなんていう人は、一人もいなかったから。わたし自身、二十代のころ、自分が音楽評論家になれるなんて想像もしていなかった。なにしろ、専門分野のない「なんでも屋」、基本的には事件記者でしたからね。ただ、バンドをしていた学生時代の延長で、音楽で遊んではいたんです。ふつうの人よりも、ずっと多く音楽を聴いていた。ＬＰやＣＤを集めていた。カセットテープにコピーしていた。

そのうち、強迫観念的にライブを観るようにもなりました。あとで書きますけれど、ほとんど病的。毎晩、ライブに行く。どんなに忙しくても、行く。

そうすると、いままでのような音楽の聴き方じゃだめだと分かるんです。たとえばロックでも、好きなバンドだけを聴いていた。自分のすでに知っているものを聴いていたんですね。

音楽でも、古典を聴かなければウイングが広がっていかない。歴史順に、地域別に、時代背景や土地の特性、風土を理解しながら聴く。古いものから聴く。

ここでリストが登場するわけです。

ロックでもソウルでもジャズでも、必聴盤リストはいくらもあります。それを、片端から潰していく。好きでも嫌いでも、分かっても分からなくても、蛍光ペン片手に聴きまくる。聴いたらリストに蛍光ペンで印をつけるんです。

これは、もう、〈勉強〉ですよね。〈遊び〉が、だんだん〈勉強〉に接近し始める。

勉強すればするほど、もっと深く知りたくなる。古い音楽を知ると、新しい音楽が、より好きになる。かび臭いと思っていた昔のR&Bや黎明期ロックンロール、オールディーズを聴いて、いまの、激しいビートのロック、派手な音響効果を使った現代的なダンスミュージックのよさが、より深く分かる。

こんなことをしていると、いずれ〈仕事〉になるのは時間の問題です。必然と言っていい。世界は、そのようにできている。熱量のある人は見逃されません。

大三角とは、こういう働きをするんです。〈遊び〉が〈勉強〉になって、〈勉強〉が〈仕事〉になる。

二つの星が衝突したら——新たな星(遊び)の誕生

つまり、〈遊び〉が〈仕事〉になる。

これはもう革命的にすごい事態なんですが、そのことについては、またあとで詳述します。

さて、音楽が〈仕事〉になってしまうと、〈遊び〉のポーションが少なくなる。だから、新しい〈遊び〉を始めるんです。

わたしの場合、それが映画だったり、文学だったり、落語、浪曲、講談のような話芸だったりします。絵画や写真、立体アートもそうでした。一時期、集中的に写真展ばかり見にいく。写真家と付き合うようになる。そんなのも〈遊び〉です。なぐさみであり、余裕、ゆとりですね。

〈勉強〉をしていないライターは、前述したように、枯れます。〈仕事〉ばかり、つまりアウトプットばかりしてインプットしない人間は、それがどんな職種であれ、枯れるだけです。出せば、なくなる。簡単な物理法則です。

一方で、遊んでないやつは、つまんない人間になります。つまんないライター、おもんない職業人になります。

わたしの生家はとても貧しかったんです。父親はいちおうタクシー運転手だったけれど、本職はもはやギャンブラー。競馬、競輪に丁半ばくちと、なんでもやっていた。かなりブラックなところにも出入りしていたようです。莫大な借金を背負っていた。

だから母親は料理屋とかで働きづめ。男ばかりの三人兄弟だったんですが、小学生のころから両親共働きで、夜に大人が家にいない。たいへんよろしくない家庭環境だった。

わたしは三人兄弟の真ん中で、兄も弟も、たいへん荒れていました。不良でした。喧嘩も強かったみたいで、親の知らないところで、警察のごやっかいになっていました。わたしは小さいころから本を読んでいたので、危ういところでそっちの世界に行かないですんだ（すんだのかなぁ？）。

本を読んでいたから、学校の成績はそこそこよかった。だから、わたしだけには部屋があてがわれていました。母屋の二階にある古い貸間の一室を勉強部屋にしていた。トイレは和式の共同だし、風呂なんてありません。いまはどこにもないような、木造の貧乏アパート。

しかし、そこには親がいないから、悪い仲間が集まってくる。とくに一歳違いの兄の代には不良がそろっていて、近隣の中学校でも有名な悪《わる》たちだったんです。わたしが中学に入ると、その不良たちが、中間試験や期末試験の前に、わたしの部屋にやってくる。「みんなで試験勉強する」とか言って。勉強なんかするわけないです。いろんなものを、飲んだり、吸ったり、キメたりしている。

わたしからすればみんな先輩なんで、文句も言えないわけです。仕方ないからみんなと一緒に、キメはしなかったけど、話は聞いていた。

で、その、不良たちの話がおもしろいんですよ。

「シモキタにむちゃくちゃやばいやつがいて……」

「五反田で不良グループが結成されて……」

たいていは子供らしい喧嘩自慢、ワル自慢で、誇張も大きにあったんでしょう。でも、それがいまで言うところの、ギャングスタ・ラップみたいなんですよね。べつに真実のストリートニュースを知りたいわけじゃない。ナラティブ(叙述、話術)を楽しんでいる。

そこで気の利いたやばい話をしたり、的確な合いの手を入れたりできないやつは、不良仲間ではじかれていく。

不良のナラティブ、学級委員のナラティブ

不良の話って、おもしろいんです。それは、いろいろ悪いことをしているから。遊んでいるからです。

それに比べて——比べちゃ悪いけど——話のつまんないのはだれかというと、学級委員です。優等生。勉強ができるのはいいんだけど、なんかこう、きまじめで、L7(四角四面)で、決まりごととかルールとかにうるさくて。きれいごとばかり。

これって、いまで言ったらだれでしょう？

マスメディアですよね。新聞やテレビ。全国紙の社説や、ワイドショーのコメンテーター。

インターネットやＳＮＳも、そうです。建前ばかり言っている。自分の狭隘《きょうあい》な正義を振り回している。しかも、威勢のいい投稿に限って匿名なんだから笑っちゃう。

わたしの勤めていた全国紙は、優等生タイプが多かったです。いい大学を出てるし、勉強もできて、多くの人が、わたしなんかよりよほど外国語もできる。でも、「あんた、学級委員なの？」みたいな人、実名を挙げるとたいへんなことになるので書きませんが、いっぱいいますよ。そういう人たちが、社説だのコラムだのを書いている。

なにごとにもかっちりしている。間違えないこと、炎上しない慎重さには長けています。

でも、喧嘩は弱いんです。じっさいにしたことないから。優等生だから。ちょっとネトウヨに絡まれたり、ＳＮＳで炎上しちゃうと、慌てる。へこむ。ほっとけばいいじゃねえかと思うんだけど、なぜか過剰に反応してしまう。シャバ僧っていうか。

学級委員の書く文章って、主張は正しいけどおもしろくないんだと。正しいことを言うなよって話です。不良仲間で正しいことを声高に言おうものなら、それこそ火の海です。

正しいことに、人は圧迫されるものだ。ぐうの音も出なくなる。だから、せっかくの正しいことが、通じなくなるんです。ほんとうに読んでほしい人が、読まない。あんたの言葉は、人の心に届かないってことです。

正しいことを言うときは、ギャグにまぶして言ってくれ。

正しさという暴力、しかもおもんないし

言いたいことがあったら言ってもいい。しかし、それはチョコレートでくるめ。

映画監督のビリー・ワイルダーが語っていました。

映画は、あくまでエンターテインメント、娯楽なんだ。なによりも、観客を楽

しませろ。映画の話術で、魔法にかけろ。映画館に客を呼んでこい。そうでないと、次の作品なんかないぞ。映画作りは、カネがかかるんだ。

ワイルダーはノンポリの監督などではありません。ときの権力にむかって辛辣な皮肉を飛ばしています。わたしはワイルダー監督では「フロント・ページ」がいちばん好きなんですが、あれは、共産主義者への不当な弾圧に抗議した映画です。しかし、そんなこと表に出さない。警察権力やマスメディア批判も、後景にある。でも、とにかく笑わせるんです。そのころ知識層に絶大な影響力を持っていたフロイト心理学を、散々おちょくっている。

大上段に振りかぶって、政治的演説なんかしない。エンターテインする。楽しませる。言いたいことがあったら、チョコにくるめ。

二人が睦まじくいるためには愚かでいるほうがいい
立派すぎないほうがいい
立派すぎることは長持ちしないことだと気付いているほうがいい
（略）
正しいことを言うときは少しひかえめにするほうがいい

正しいことを言うときは 相手を傷つけやすいものだと
気付いていているほうがいい

（吉野弘「祝婚歌」）

これだと思うんです。あらゆる表現者にとってのコーナーストーンです。新聞記者、テレビ記者も、銘肝牢記《めいかんろうき》しろ。

詩を読め。映画を見ろ。音楽を聴け。落語や浪曲や歌舞伎を見にいけ。

つまり、遊べって話なんです。

遊んでないやつは、正しいかもしれないけれど、つまらないから。おもんないやつになってしまうから。

表現者にとって、〈遊び〉は必須です。表現者にとって必須ということは、現代に生きるほとんどすべての人間にとっても必須。〈仕事〉は、畢竟《ひっきょう》、表現なんですから。

そして、〈遊び〉と〈勉強〉は違う。

〈勉強〉とは、〈仕事〉に直接的に役立つものだ。しかし〈遊び〉は、〈仕事〉と関係あってはいけないんです。〈仕事〉と〈遊び〉は、遠いところにあるものでなければ、だめなんです。

〈遊び〉とは猟師になること──スキゾフレニアの散漫

前の節で、〈勉強〉は百姓になることだと書きました。自分を耕す。それも、偏執的に耕す。〈勉強〉では百姓になる。パラノイアになれ。その一方で、〈遊び〉というのは、猟師になることです。わたしは米の収穫が終わると、秋冬のあいだ、鉄砲撃ちの猟師になります。農耕生活と違って、狩猟採取生活から、権力は生まれません。山をほっつき歩いていると、それが理屈ではなく、自分の汗で分かる。

どんなに腕のいい猟師も、獲物って、そんなに獲れるものではありません。わたしは、だいたい年間六十羽くらい、鴨を獲る。けれども、これが六百羽には、絶対ならないです。いくら鉄砲がうまくなったって、六百羽になんか、なるもんですか。

弾が当たればいいわけではなくて、獲物は、探すのが難しいんです。猟師の仕事の半分は、撃ち落とした獲物を探すことです。だから、どんなに鉄砲の腕がよくなったって、どんなに偏執的に何時間も探し回ったって（自分のことです）、せいぜい年間百羽とか、その程度です。

だから、人間社会も狩猟採取の段階では、富（食料）の蓄積ができない。余剰生産物はない。したがって権力の生まれる素地もないいんです。

ところで、猟師とはどういう人種でしょうか。

移動する人です。

猟師というのは、いつでも動いているんです。鴨のような渡り鳥は当然として、鹿や猪にしても、年によって猟場が変わる。けものの行動範囲が、微妙に変わっていく。

だから、猟師はいつでも新しい猟場を探している。鴨の居着く堤（ため池）やクリークを探す。猪や鹿のけもの道を開拓する。

猟の師匠と軽トラに乗るとよく分かる。師匠は、いつでもきょろきょろしています。なにか発見している。それは、けもの道や渡り（アスファルト道をけものが横切ったしるし）を探すためだったりするんですが、街なかを走っているときでも、常になにかに気づいている。新しい店ができた、看板が変わった、家の壁を新しくした、いつも駐車していたバイクがない、すれ違った車のドライバーがいい女だった……。

軽トラを運転しながら、そんなことばかり言っている。きょろきょろして、視線を動かしている。

猟師は、スキゾフレニアなんです。パラノイアの反対。分裂症です。

これはわたしの適当な思いつきを述べているだけではなくて、中井久夫という高名な精神分析学者も書いています（『分裂病と人類』）。

われわれ表現者としての職業人も、スキゾフレニアにならなければいけない。〈勉強〉によってパラノイアになる。同時に、〈遊び〉によってスキゾフレニアになるんです。注意散漫に。精神分裂的に。焦点がひとつのものに合っていない。移り気になる。浮気性になる。寄り目にならない。興味が、どんどん移っていく。

移るというか、増えていく。

遊びでしないのが〈遊び〉

わたしにとって音楽は、最初、完全に〈遊び〉だった。〈仕事〉と関係のない〈遊び〉。それがいつしか〈勉強〉になった。音楽を、歴史的に、地域別に、系統立てて研究するようになった。そうこうしていると、音楽が〈仕事〉になる。そういうループが生まれる。

音楽はすでにわたしの仕事の大きな一部ですが、しかしいまだって、新譜では音楽で遊んでます。遊べます。ゲーム感覚で新しいのを聴いている。

新譜だけで月に百枚ぐらい、アルバムを聴いています。ロックやソウル、R&B、エレクトロ、カントリー、ラップ、ラテンにワールドミュージックとジャンルも地域もばらけていて、年間千枚以上になる勘定です。古いLPも好きで集めていますが、それとはべつに、新譜だけで年間千枚。これは、〈仕事〉でしているのではない。〈遊び〉です。プレイ。ゲーム。狩猟みたいなもの。

ゲームには、獲物という意味もあります。

〈遊び〉こそ真剣《ガチ》になる。〈遊び〉だから本気《マジ》でやる。

わたしはアルバムタイトルとミュージシャンをエクセルデータにして記録している。検索できて、並べ替えられるように。

今月は一〇四枚、新譜を聴いた。またそれは全部で一四六五曲であったというようなことがすぐ分かる。その一四六五曲のうち、いいなと思って印をつけている曲が五十六曲あった。その「いいね」曲は、前月に比べると二曲減っている、とか。

だからどうしたということでもないんですが、一種の記録魔になるということです。自分への発破かけになります。サボるな、と。

自分で書いていてなんですが、これは「異常」ですよね。異常者。偏執的。パラノイアです。もはや〈遊び〉が〈勉強〉になっている。

スキゾだった〈遊び〉が、集中していると、だんだんパラノイアな〈勉強〉に接近してくる。

〈遊び〉を遊んでやるんじゃない、という話です。

われわれが子供のころを考えてもそうです。公園で悪漢探偵とか戦争ごっこ、缶蹴りや鬼ごっこなど、素朴に遊んでいました。

そのとき、みなが真剣にルールを守っていましたよ。じっさいのところ、ルールなんて、いかようにも破れるんです。審判はいないし、ビデオ判定なんてものはないわけだし。でも、そうしない。しなかった。ずるしていると、いずれ子供仲間のあいだでも浮いていく。相手にされなくなっていく。

もっと大事なことは、やってる自分もつまらなくなっていきます。〈遊び〉なんて、真剣にやるからこそ、そこに幻想が生まれる。そもそも〈遊び〉じたいが、ファンタジーなんだから。

遊びでするのが〈仕事〉

一方で、逆説的なんですが、〈仕事〉は真剣にやるもんじゃないと考えています。〈仕事〉はふざけてやれ。〈仕事〉を真剣にやって、どうすんだ。

これは手を抜いてしろ、という意味ではないんです。手を抜いているわけではないんだけれど、難しい顔して、眉根を寄せて、いかにも一生懸命にしています、なんてパフォーマンス感ありありで〝仕事〟をするな。

なんぢら斷食《だんじき》するとき、僞善者《ぎぜんしゃ》のごとく、悲しき面容をすな。彼らは斷食することを人に顯《あらは》さんとて、その顔色を害《そこな》ふなり。誠に汝らに告ぐ、彼らは既にその報を得たり。なんぢは斷食するとき、頭に油をぬり、顔をあらへ。

（「マタイによる福音書」）

じっさいに新聞社にいると、こういう人間ばかりです。一生懸命仕事をする（断食する）プリテンダー。そんなライターがおもしろい記事を書いているの、見たことがない。

〈仕事〉は、ふざけてする。〈仕事〉は笑いながらするもんだ。「なんだこりゃ、また馬鹿やっちまったよ」と、自然にそういう声が自分の中から出てくる。そういう〈仕事〉こそ、わたしは目指しています。

新聞社で「アロハで田植えしてみました」「アロハで猟師してみました」という

連載を始めたころから、「あいつ、なんかへんなクスリやっててんじゃないか」っていうぐらい、たいていゲラゲラ笑って仕事しています。

百姓でも、猟師でも、それはそれは厳しい肉体労働です。でも、わたしみたいな都会者からしてみると、まぬけな失敗ばかりだから、「なんでここまでうまくいかないの?」と、逆におもしろくなってくる。笑える。少なくとも、記事のネタにはなる。

つらい肉体労働が、笑劇(ファルス)に変質する。

人生で「ゲラな瞬間」を探す。むしろそれが、表現者としての職業人の、本質なんじゃないか。生老病死の人生なんて、ふつうに考えればつらいこと、厳しいことの連続です。でも、そこになにか笑えるネタを探す。見つける視力の強さがある。それを、精神の強さというんじゃないでしょうか。

「プレイ・ボール!」しているか

わたしは、思うところがあって、罠の猟はやめたんです。鉄砲猟だけ。

鹿を罠にかけ、捕らえ、屠《ほふ》って、解体して、精肉する。これは、厳しい経験でした。人生が変わるんじゃないかな。しばらく肉食できなくなるかもしれない。それぐらいの、峻厳な体験です。

でも、その厳しさの合い間に、まぬけなことが起きる。どじを踏む。夜になって仲間たちとお疲れさまの宴会をするとき、大笑いになるんです。お互いの馬鹿さ加減を突っ込みあって、腹がよじれるほど笑う。

悲惨で重い体験だっただけに、笑って昇華しないと、殺した命を抱えきれない。そういうところもあったんでしょう。

そのころのわたしの口癖だったんですが、「こんなに笑ってて、つまんない記事を書くようなら、おれはライターをやめる」。それぐらいに、みなで大笑いしていた。

百姓でも同じで、作業が厳しければ厳しいほど、夜の宴会も狂ってくる。岩をどかして坂を造成するとか、重い米袋を何十袋もかついで籾摺り場に運ぶとか。そういうときに、だれかがどじをする。まぬけなことをする。それをネタにして、みんなで大笑いになる。

厳しさと笑いは、比例する。

もちろん〈仕事〉は、必死でしてますよ。でもそこに、笑いがないと息が詰まる。水がよどむ。だから、〈仕事〉は遊ぶんです。〈仕事〉だからこそ、遊ぶ。〈仕事〉をまじめにやってどうすんだ。

だいたい、野球を始めるときに、アンパイアはなんて言いますか？「プレイ・ボール！」って言うんです。「ワーク・ボール！」なんて言いませんよ。あれはどういうことかというと、「遊べ」と言ってるんです。ボールで遊べっていう宣言なんです。

ベーブ・ルースだって大谷翔平だって、遊び心がなければあんな偉業はできやしません。イチローも野茂英雄もそうだけど、いままでの「野球」の概念を覆すような、とんでもない打撃フォーム、投球フォームをしているわけで、頭の中が野球の原理・原則ばかりなら、あんなことにはならない。

いまでこそ日本のサッカーもずいぶん変わってきましたが、わたしらが子供のころ、かかとで蹴るパス（ヒールキック）でもしようものなら、「かっこつけるな！」とコーチに怒鳴られたもんです。まだ日本がW杯に出場できなかったころ、あるブラジルのプロ選手がもらしたという感想を、よく覚えているんです。「日本の選手は、サッカーを練習している。わたしたちは、サッカーで遊んでいる。だから、わたしたちには勝てない」。あれは至言だったなあと思います。

人間は〈遊び〉だからこそ、クリエイティブになるんです。

人が人たる所以――〈遊び〉はクリエイティブ

現生人類には、ネアンデルタール人ほかライバルもたくさんいた。そのなかで、なぜわれわれ人類が生き残ってこられたのか。

人類学者の結論は、「現生人類は子供の時間が長いから」というものです。

動物は、子供の期間が短い。馬でも牛でも、生まれてすぐに、自分の足で立ち上がります。人間の赤ん坊とは大違いです。早く大人になって、独り立ちしないと、天敵に食われる蓋然性が高くなるから。周りの成獣たちの、足手まといになるから。

その点、人間は子供の時間が長いです。生まれて三、四年間はろくに歩けないし、食事も排泄もままならない。それどころか、小学生を見ていると、十二歳くらいまでほんとうの意味での子供です。幼い。ガキですよ。いい意味でね。

それは、「自分たちで遊びを発明する」からです。

現生人類は、ネアンデルタール人らと比べて、子供でいる時間が長かった。だから競争に生き残ってこられた。ライバルより、クリエイティビティにすぐれていた。道具を手にして、遊んだ。遊んだから、狩りに使えた。生存競争に役立った。そういう順番です。

「一生を通じて、どれだけ大きな子供でいることができるか」

（ショウペンハウエル）

「人は長生きしてクリエイティビティを発揮しなければならない。長生きするのなら、クリエイティブでなければならない」

（大西巨人）

プロのミュージシャンたちが演奏するときに、「ワークするか」とは決して言いません。「レッツ・プレイ」と言う。

英語のplayには、演奏という意味も、演技するという意味も、遊びという意味も含まれます。
ドイツ語もフランス語も同じです。ドイツ語で遊びはSpiel（シュピール）、フランス語はjeu（ジュウ）。いずれも演奏、演技という意味も表します。われわれだって同じです。プレイするんです。
真剣に遊べ。本気に狂え。自分のなかの洟《はな》たれを、手放すな。

此男は著作をするときも、子供が好きな遊びをするやうな心持になつてゐる。それは苦しい処がないといふ意味ではない。どんなsport《スポオト》をしたつて、障礙《しょうげ》を凌ぐことはある。又芸術が笑談でないことを知らないのでもない。自分が手に持つてゐる道具も、真の鉅匠大家の手に渡れば、世界を動かす作品をも造り出すものだとは自覚してゐる。自覚してゐながら、遊びの心持になつてゐるのである。

（森鷗外「あそび」）

第四夜話

事故

accident

操縦室より「緊急事態発生！」

言い訳講釈

噺・・・(四)

事故にあいやすい体質なので、命にかかわるようなめにあったことが三回ある。最初は五歳のことだった。祖父が渋谷で佃煮屋をしていて、店の奥は大きな釜がいくつもある調理場だった。いつも、豆を煮た香りがしていた。

その上は高天井で、一部はガラス張りになっていた。幼い兄弟三人で、屋根の上で遊んでいたのだろう。光景をいまでも覚えているが、兄が歩き、弟が渡りしたあと、わたしが足を踏み入れたガラスが、突然、割れた。下の釜の中に落っこちた。

太いガラスの破片が粉々に割れて、足に何カ所も突き刺さった。大人たちが大騒ぎになった。大きな包丁が何本も並んでいる、そのすぐ横に落ちたと、あとで聞いた。何針も縫う大けがだった。

足の縫い傷が、まだ残っている。

本節でも書くように、三十代のころ、車に轢かれるほんとうの交通事故にあって死にかけた。大馬鹿者であった。

三度目はニューヨークに勤務しているときだった。二〇〇一年九月十一日、同時多発テロのとき、旅客機が突っ込んだツインタワーの下で取材していた。ダウンタウンに住んでいたので、一報を聞き、すぐ自転車でかけつけた。

消防士も警察官も、まさかあの高層ビルディングが崩れてくるとは思っていない。だから真下で作業していたのだが、その崩落現場に居合わせた。死ぬかと思った。全速力で逃げた。自転車は、埋まったままだ。

人生を変えるような〝事故〟にもけっこうあう。写真家の坂田栄一郎さんと親しく付き合わせていただいているのも、最大の事故のひとつだ。

坂田さんは、週刊誌ＡＥＲＡで長いこと表紙写真を撮影されていた。その仕事に、最初はライターとして、次はデスク（編集責任者）として伴走した。

当時のＡＥＲＡで表紙撮影はきわめて重要な仕事で、撮影対象も海外の文化人、経済人、政治家らの超大物が多かった。坂田さんはそうした人たちに、まったく互角のアーティストとして初対面のあいさつを始め、自分の土俵に持ち込み、相手を乗せ、いつ撮影が始まるのか、時間も迫っているんですがと、わたしたちスタッフがそわそわするころ、さあ本番だ、いっちょう〝一緒に〟いい作品を撮りましょう、とゲストを笑顔で立たせる。その手際はあざやかというほかなかった。

目先の表紙撮影を成功させるだけではなく、「この仕事が、自分の写真家人生においてどういう意味を持つのか」を常に頭において、ビッグピクチャーで撮影されていた。

撮影が終わった坂田さん・みつ豆さん夫妻から、何度もごちそうされて、とてもやさしくしていただいた。しかし、仕事中の緊張感は胃がしぼられるものだった。スタッフで、坂田さんの激怒の地雷を踏んでいない者は、いない。

雑誌スタッフでさえそうなのだから、坂田さんの身の周りにいるお弟子さん、写真家の卵たちには、それはもう、峻厳たるものがあった。写真家仕事のアシストはいうまでもない。話しかた、服装、車の運転、ホームパーティーでの給仕などにも、厳しい教えは及んだ。聞いているわたしが、いたたまれなくなるものであった。

坂田さんご自身が、一九六〇年代のニューヨークで、リチャード・アベドンのもと、厳しい修業生活を送られたからでもあるのだろう。

その叱責は、わたしにも向けられているのではないか。いつしかそう気づいた。弟子をしかるふりをして、わたしたちにも教えてくれている。なかでもいちばん記憶に残っているのは、「言い訳をするな」ということだ。ある日、女性のアシスタントが、小声で、しかし厳しく注意されていた。遅刻かなにか、ミスをしたのだろう。そのことよりも「言い訳をするな」という言葉が耳に残った。

「言い訳は、どんなことにだってできるんだ。言い訳を考えていると、一生なんか、すぐ終わる」

周囲に配慮した小声の叱責を聞いて、わたしも、身を縮めた。

仕事が忙しくて、勉強をする時間がない。遊びなんて、いまはとんでもない。二日酔いで今朝は原稿が書けない。大事な接待相手だから仕方がなかったんだ。親の介護で、仕事が手につかない。彼氏／彼女と別れて、文章なんて書く気になれない。子供が熱を出した。カネがない。時間がない。やる気が出ない……。

言い訳すんな。どんなことにも、言い訳はできるんだ。言い訳を考えてると、短い人生なんて、あっという間に終わっちまう。

書け。

書いて、言い訳しろ。

あらゆる芸術は、自己弁護である。

どんな芸術品でも、自己弁護でないものは無いように思う。それは人生が自己弁護であるからである。あらゆる生物の生活が自己弁護であるからである。

（森鷗外『キタ・セクスアリス』）

〈遊び〉―〈勉強〉―〈仕事〉の大三角が、わたしたちを幸福にする。ナイスな人生にする。ここまでは、話すことができたと思います。

さて、ここではもうひとつ審級を上げて、なぜこの大三角が有効なのかを考えます。スキゾフレニアな〈遊び〉によって、クリエイティブになる。創造的になる。パラノイアな〈勉強〉で、より詳しくなる。理論的になる。その〈勉強〉が直接、〈仕事〉に役立つ。〈仕事〉が楽しくなるから、人生がハッピーになる。

でも、この大三角はなぜ機能するのか。ハッピーな、ナイスな人生になるのか。もっとありていにいえば、なぜ、おいしい〈仕事〉がくるようになるのか。

それは、事故っているからです。

ハプニングが起きているからです。

自分でも計画していなかった、想像していなかった、予想外の出来事に、自分自身が翻弄されているからです。だから、〈仕事〉が、冒険になる。おもしろくなる。アドレナリンが出る。

事故によって才能と努力の限界を超える

わたしはライターを、もういい加減長い年月、しています。結局ライターって、何回、事故にあえるかが人生を分けるんです。大きなネタをつかめるか。生涯をかけるようなテーマにぶつかるか。それは、事故にあうということなんです。持って生まれた才能なんて、大したことない。だから努力が大切です。才能も、磨かなければ光らない。磨く努力こそが、才能を開花させる。努力とは、先に書いた〈勉強〉ですね。

しかし、この〈勉強〉でさえも、事故にあうための準備だと思うんです。

新聞記者にとって大きな事故とは、まずは特ダネです。いい新聞記者とは、特ダネ記者のことです。

こんなわたしでも、自慢じゃないけれど、二回ほど、大きな特ダネを書いて、新聞紙面を飾ったことがあります。ときの政権が倒れるようなクラスのネタです。もちろん自分一人で書いたわけじゃない。取材チームの一員です。でも、自分の機転でつかんできた、かなり大きなネタも、あったことはあった。

そのとき痛感したんですが、特ダネは事故なんです。偶然、ネタをつかむ。核心の情報を握る人物に、ぶつかる。「ここに行けば必ずネタがある」なんて都合のいい取材先はありませんし、あったとしたら、そんなの大したネタじゃない。特ダネは事故です。

そして事故だから、続かない。計画的に、定期的に特ダネを書けるものじゃない。そんな人、世界中のどこにもいません。ベトナム戦争の政府機密文書をすっぱ抜いたニール・シーハンだって、ニクソン大統領を辞任に追い込んだボブ・ウッドワードだって、これは同じです。

ただ、事故にあいやすい体質を作ることは、できる。

わたしは新聞だけではなく、外部の雑誌にも文章を書くようになりました。それが高じて、何冊も本を書くようになった。最初は記者仕事の延長で、取材者として、あるいは評論家として、本を書いていた。

でもそのうち、自分の生活を書くようになった。新聞記者は、基本、人のことを書きます。人に話を聞き、人の活動を取材し、人の考えを書く。でも、わたしはある時期から、人のことを書くのはやめた。そのかわり、自分のことを書く。自分の生活を書く。むしろ、書くに値する生活をしろ。そんなふうに変わっていった。作家になった。

こんなのも、大事故です。自分で計画してなったわけではない。四十代に入ったある時期、一緒に本を作っていた編集者から「近藤さんはもう作家なんだから云々」「もっと自分のことを書いて」と原稿に注文がつくようになった。自分では「そうなんだ?」とびっくりしたし、気恥ずかしくもあった。自分のことなんて、書く価値あるのかな?　でも、事故にあっちゃったんだから仕方ない。観念して、自分が変わりました。

三十代初めから本を書いてきて、それぞれ、自分では満足している。なかなかいい本が書けたと思っています。出版不況ですけれど、わたしでもベストセラーといわれるほど売れた本は、あるんです。

これだって大事故ですよ。計画なんかしていない。理由も、正直言って、ぜんぜん分からない。

そして、たまさかベストセラーを出したからって、それを定期的に、何冊も続けられません。やはり、タイミング。事故にあわないと。

初めての事故：音楽にあったら、評論家になった

わたしは、人生で何度も事故にあってきたんです。最初の大事故は、音楽だった。

一九九〇年代、日本のアンダーグラウンドミュージックにどはまりしていたことは前にも書きました。

そもそものきっかけは、「インディーズレーベルのＣＤ展示販売会がある」という小さな記事を雑誌に書いたことです。取材のなかの雑談で、灰野敬二の名前が出て『『ハイノケージ』って不思議なバンド名だな。英語だろうか？』なんて思っていたんです。日本人の名前だとは、あとで知った。東京・西荻窪の小さなライブハウスを通りかかったら、その名前が出ていた。これも縁だと、ふと入った。

大嵐に巻き込まれた。突風のただ中に、放り込まれた。

あのときの衝撃は、いまでもありありと覚えています。

そのころわたしは事件記者だったんです。音楽評論の仕事なんてしていないし、自分にできるとも思っていなかった。仕事になんの関係もないのに、夜回りとかで疲れ切っているのに、夜中、立ちっぱなしの薄暗いライブハウスに通いつめました。

これは、事故ですよね。計画したわけでもない。たまたま、偶然としか言いようのない、出合い頭の衝突をしてしまった。

九〇年代の日本のアンダーグラウンド音楽は、世界的に見ても独自の発展を遂げていたんです。でも、それを、大メディアはどこも書いていなかった。新聞や雑誌で、猛烈に働いていたから、わたしの企画が通りやすかった。全国紙に、灰野敬二や町田町蔵（当時）やＪＯＪＯ広重や殺害塩化ビニールなんて固有名詞が、しれっと連発して載るようになっていった。

しばらくすると、歴史ある有名音楽誌から、「巻頭論文を書かないか」と電話がかかってきました。そのころの新聞は署名記事ではなかった。でも、アンダーグラウンドミュージックなんて小さな世界ですから、「近藤某という、頭のおかしいのが、朝日に妙な記事を書いている」という噂は広まっていたんでしょうね。

これを機に、わたしはCD評やライブ評、インタビューを、いろんな媒体に書くようになりました。音楽評論の共著はたくさんありますし、単著も出した。『リアルロック』という本です。それがわたしの出版デビュー作です。

人生最大の事故：本を出したら、文章に取り憑かれた

そして、「本を出した」ということじたいが、わたしにとっては、とてつもなく大きな事故になったんです。

まだ三十代前半でした。この事故がなければ、わたしはいまでも、ふつうにサラリーマン記者だったでしょう。いや、記者でさえなかったと思う。新聞記者も、年をとってくると管理職をさせられます。若い記者のほうが、使い勝手がいいからです。年齢がいっても書いていられるのは、あたりまえのことではない。きわめて幸運なことなんです。

だから、本を出すというのは、わたしのライター人生にとって画期になった。なにもカネもうけとかいうことではなくて、新聞、あるいは雑誌とは、違う「グルーヴ」を手に入れたということなんです。本の文体は、新聞や雑誌とは、まる

きり違う。そのグルーヴを知り、その快感を知ったからこそ、「文章を書く」という営為が、特別なものに変わった。給料のため、生活のための苦役ではない。一生を賭すに足る〈仕事〉に昇華した。

いまでも文章を書いていられるのはそのおかげです。

この本の文章は、だいたい午前二時に起きて書いています。猟期に入ったから仕方ないんです。起きると、まずは本の原稿を書く。次に、発注を受けた雑誌の記事を書く。その次には新聞記事を書く。あわただしく食事をとる。そうしても、まだ夜明け前です。軽トラに飛び乗って、真っ暗な山道に突っ込む。鉄砲を撃つ。沙汰の限りです。

なぜこんなことができるのか。本のグルーヴに魅せられているからです。本のグルーヴの、とりこになっているから。だからこんなむちゃができる。

これは、人生でもいちばんの大事故でした。

ところで、デビュー作の『リアルロック』を出版したあとしばらく、長い文章を書けなくなってしまったんです。本にするような題材に、出会えなくなった。

わたしの用語法でいえば、次の事故にあえなかった。

新聞や雑誌に、大量に記事を書いてはいました。

前に書きましたが、わたしはニューヨークに三年ちょっと住んでいたことがあります。新聞社の特派員になったんです。ＮＯといわずにがむしゃらに働いていたら、海外へ行かせてくれた。

初めての海外生活は、そりゃあ興奮しました。ほとんど修業みたいに、毎日、遊び狂っていました。ニューヨークもそうなんですが、アメリカ中を遊び回っていた。五十州のうち、行っていないのはハワイやアラスカなど四州だけ。あとは全部、行きました。用もないのに。

行ってなにしているかというと、ローカルのクラブに行くんです。日本でいうところのライブハウスですね。そこで、飲んだくれている。バンドが出ていれば、観る。客やバーテンダーとも、下手な英語で少し話す。取材、というより、ただ、眺めていました。観察していました。音楽を聴き、クラブの内装や、客の様子を眺める。地元民の酒の飲み方をまねする。土地によってずいぶん違います。「アメリカの地方都市はどこに行っても同じ」なんていうジャーナリストもいましたが、なにも分かっていませんね。

ローカルクラブでローカルビールを飲み、酒とタバコとマリファナと体臭との入り交じった部屋の匂いをかぐ。

そんなところに観光客はいません。地元民ばかり。見慣れない顔はわたしだけ。でも、わたしは〝空気〟になるのがうまいので、クラブに入って、最初はじろっと見られるのですが、ものの五分もすると、だれもわたしのことを気にしない。無視していてくれる。その間に、飲みながら観察していました。

さらなる事故：アメリカで遊べば、スランプを抜けた

ミシシッピ州のデルタ地帯、真っ暗闇の湿地にぽつんと一軒だけあるクラブ（ジュークジョイントと呼ばれます）では、地元の黒人客しかいません。ドアを開けるのに、大きく深呼吸しなければ入れなかった。中では、ぶっ飛んだブルースのギグをやっていました。

テキサス州のカントリーバーは、逆に白人ばかり。男はみなテンガロンハットにブーツ、古くさいカントリーのワルツで踊っていて、外ではロデオ（！）を

やってます。何時代なんだいまは。おもしろかったなあ。

ニューヨークに帰って友人（ドイツ系の白人）にそういう話をすると、本気でうらやましがられました。「そんなことできるの、おまえだけだ」。カントリーバーはともかくとして、彼は、ミシシッピのジュークジョイントにはいけないと言うんです。アメリカで人種の心理的な壁は、とても高い。

アメリカとの国境の街、メキシコ・ティファナでは、土地のチンピラに絡まれて危ない目にもあった。ニューヨークのブロンクスではトラブルに巻き込まれて、銃を構えた警官に「On your knees!（ひざまずけ！）」を食らいました。危なかったけど、むちゃくちゃおもしろかったし、ためになった。ふつうの取材では分からない、アメリカが分かった。

アメリカ生活が、もはや大事故になっていたんです。


ではなぜ、わたしにとってアメリカが大事故になったのか。それは、遊んでいたからです。

まず音楽がそうですよね。日本にいるときから、ロックやソウルやジャズやブルースやラップやの、アメリカ音楽で散々遊んでいた。

ほかにも、アメリカ映画は、子供のころから大好きだった。名画座で二本立てを、繰り返し見ていた。そのころは入れ替え制なんてけちくさいものはない。貧乏な子供に優しい映画館だったんです。とくに七〇年代のバイオレンス映画が好きで、ストリートギャングに子供っぽいあこがれをもっていた。

また、スタインベックやヘミングウェイに始まり、レイモンド・カーヴァー、ティム・オブライエン、ポール・オースターまで、現代アメリカ文学もよく読んでいた。ホーソンやメルビル、マーク・トウェインらの古いアメリカ文学にも親しんでいた。

だからこそ、アメリカ大陸の隅々まで、遊んで回れた。音楽や映画や文学で知っていたから、もっと知りたくなった。舞台に行きたくなった。知らなかったら、知りたくならないものなんです。

帰国後、アメリカに関する著作を三冊、立て続けに出しました。

海外特派員なんて、掃いて捨てるほどいる。でも、著作を残すほどの大事故にあった人は、わずかです。

最新の事故：百姓・猟師になったら、ステージにいた

日本に帰ってきて、またがむしゃらに働いてはいたんですが、なんだかそれもむなしくなってきた。まず東京での生活が、いやになっちゃった。ニューヨークから帰ったら、「刺激」という意味でも、「余裕」という意味でも、物足りない。ゆるいくせに、不寛容だ。そう思えちゃったんです。

そして、縁もゆかりも知人も友人もない九州の田舎町に、希望して飛んでいった。友人・知人からは「気が狂ったか？」とさんざん言われました。そりゃそうでしょう。ライター仕事をするなら、やはり東京ですから。

しかしこれが、とてつもない事故になったんです。

九州ではまず、百姓になった。素人仕事で、米を作った。

次には、猟師になった。銃の免許を取った。どはまりして、とうとう食肉処理業者にもなった。肉を、東京のフレンチレストランに卸すようになった。

都会生まれで、虫さえいじれないやつが、夏は灼熱の田で汗みどろ泥みどろ、冬は山中を走り回って全身ぐっしょり、汗まみれ血まみれになっている。

そんな生活をしていたら、馬鹿は馬鹿を呼び寄せる、いろんなやつが身辺に集まってきちゃった。他社の若い記者やカメラマンが、わたしの家に来るようになった。飲んで群れるなんてのは大嫌いだから、酒席では、この本でも書いてきた〈仕事〉や〈勉強〉の仕方を、ぼちぼちと教えるようになっていた。〈仕事〉も〈勉強〉も、わたし自身はいままでだれにも教えてもらってこなかった。自己流です。だから、そんな私的な流儀を人に教えるなんて、考えたこともなかったんです。しかし、家に来る若者たちは地方に生まれ、地方に生きています。いろんな意味で「ここから抜け出したい」と必死だったんです。わたしのいた小さな田舎町（諫早や日田や天草）には情報もないし、いわゆる「ヘンな人」「変わった大人」がいない。ロールモデルがない。

だからわたしも、真剣に教えた。教えてたら、教えるのがだんだんうまくなってきた。あたりまえですが。

そんな経験が、『三行で撃つ』『百冊で耕す』と二冊の本に結実した。

これも、大事故ですよ。

文章の書き方（『三行で撃つ』）や本の読み方（『百冊で耕す』）というのは、つまり〈仕事〉と〈勉強〉のことです。いままで自分では無意識にしていたことです。それを、言語化した。著作に残すことになった。

『三行で撃つ』『百冊で耕す』の二冊のおかげで、いまは、人前で話をする機会がとても増えた。千人規模の会場で講演することもあるし、数十人程度の文章教室もある。偉そうですけれどね。これも、自分がいちばん驚いています。わたしの人生計画には、そんな選択肢はまったくなかった。むしろ、したくなかった。

二〇一四年に九州に飛んだ先は、長崎県諫早市の旧田結村という小さな集落です。いちばん最初に人前でしゃべった経験は、その田舎でなんです。

ひょんなことから小学生に田んぼ作りを教えるようになった。もう廃校になりそうな小さな学校で、一学年に十人前後。最初の年、六年生が卒業するときに、「最後にクラスでなにかしゃべってくれませんか」と、教頭に頼まれたんです。

すごくいやだったけれど、まあなにか、しゃべったんでしょうね。そのとき、教室の後ろで教頭が見ていた。終わったらニヤニヤして、「近藤さん、緊張してましたね」って。田舎のガキ三十人の前で緊張してたんですよ。人が見て分かるぐらいに。

それがいまでは東京の大きなホールで、千人相手にマイク片手でステージをうろつき回ってしゃべり……。スティーブ・ジョブズかよって思いますが、そういう仕事が増えてきたから、慣れちゃった。

よくないことですね、ライターにとっては。ライターは、書く人のことです。しゃべる人ではない。それはともかく、自分の活動するステージが増えたことは事実です。これだって、事故ってるんです。

こんな展開、まったく考えていなかった。計画していなかった。

しかし、表現者は計画したら終わりなんです。計画は、自分の予想の範囲ですよね。予想外のこと。自分がいちばん驚くこと。それを「事故」と言ってます。

本物の事故：撥ねられたら、幽体離脱した

なにもライターだけではない。表現者としての職業人は、何度も事故らなければだめです。そして、事故は、計画的にあうようになれる。

事故りやすい体質を作る。

本気で言ってます。

話は少し変わりますが、わたしはほんとうの交通事故にもあっているんです。四十歳手前で、ニューヨークに派遣されるちょっと前でした。

ある日、築地にある新聞社の近くで、先輩と大酒飲んで、まっすぐ歩けないぐらい酔っ払った。いつものことですけど。

そのときわたしは自転車通勤していたんです。江戸川区から中央区の築地まで、十三キロぐらい。ロードレーサーっていう、いちばん乗るのが難しいタイプの自転車です。しかもノーヘルメットで。

まっすぐ歩けないくせにロードレーサーに乗って、「大丈夫、大丈夫」なんて、深夜、帰っていった。犯罪ですよ。

走り始めて二、三分したころ、片側二車線の広い道路を直進していて、左手から個人タクシーが来た。こっちは直進だし、向こうは一時停止の脇道。交通法規上はわたしが優先です。とはいえ、注意深いしらふのサイクリストなら、絶対に自分が止まりますね。

そのときタクシーの運転手と、目があったんです。目があったから、「おまえ、停止な。分かってるな」って、わたしはそのまま進んでいった。そうしたら、向こうも目があったから、「おまえ、自転車なんだから、停止な。分かってるな」と思ったんでしょう。止まらず直進してきた。ボーンって軽く接触した。
わたしはボンネットに乗りあげて、でも受け身は取れていて、「てめえ！」なんて怒っていた。そしたら向こうも驚いて、急ブレーキかけたんです。その反動で、ボンネットにつかまっていた手が離れ、道路に転がり落ちた。アスファルトに頭を、軽く、コツンと打っちゃった。しばらく失神してました。

みなさんは決してこんな馬鹿をしないだろうけど、ほんとうに気をつけてください。交通事故って、体がバラバラになって死ぬんじゃないんです。道路に軽く頭を打って、死ぬんです。脳内出血して、血が脳を圧迫して死んでしまう。

それからは救急車に乗せられて、病院へ直行。いちばん重篤な人が運び込まれる警察病院に回された。
このままだったら間違いなく死ぬけれど、手術したからといって助かるか、保証できない。医師がそんな説明をしていました。「近藤さん、どうしますか？」と確認するんです。どうしますかってあなた、このままでは死ぬんだったら、手術、お願いしますよ。

「ではまず髪の毛を剃ります」と言われ、あわてて「ちょっと待って。やっぱり手術やめます」。

わたし、そのときはプール通いできれいに日焼けしていて、髪は自分で脱色してほとんど金髪。いい感じだったんです。「手術やめます」って言ったら、医者が激怒しましたね。「髪の毛は三カ月たったらはえるけど、このままなら死ぬんですよ！」。馬鹿は死ななきゃ治らないんです。

医師の腕がよかったんでしょう、奇跡的に助かりました。

そういえば、手術中、わたしは自分が手術台に横たわっている姿を見たんです。幽体離脱して。前世になにをしていたかも思い出した。古代エジプトで灌漑工事を指揮していました。盟友でイラストレーターの辛酸なめ子画伯にその話をしたら、彼女はなにしろスピ系にも詳しいですから、わたしよりも熱心に前世での名前を割り出そうとしてくれた。

まあそれもいいとして、なんの話かというと、ライターは事故らなきゃだめだという話でした。

いまの話で分かったのは、どういう人が事故りやすいかってことです。

事故りやすい体質1：注意散漫

注意深いの反対。判断力が鈍くなっている。

注意散漫だから、いろんなものに目が行ってしまう。興味がわく。好きになっちゃう。浮気性ってことでもあります。恋人・夫婦関係ではなくて、趣味の浮気性は、いいものです。

わたしは小学生のころから音楽が好きで、いまでも部屋にいるときはずっと聴いています。

映画も好きです。音楽が好きだと、映画も好きになるものです。

映画が好きな人は、舞台も好きになるはずです。一回、生の舞台を見にいくといい。映画とはまったく異質の魅力がある。映画と違っていろんな制約、限界がある。その不自由さの中での表現に、惹かれてしまうんですね。

落語は、小さいころからテレビで見ていて好きだったんですが、生の演技っていいなあってなると、こんどは寄席にいくようになる。そうすると、落語の合い間に、奇術や紙切り芸とか、「いろもの」と呼ばれる芸をしてます。あれも、いいんです。中毒になる。

落語に本格的にはまって、三遊亭円生師匠の残した録音は全部聴こう、なんてことになった。膨大ですけれど、CD全集を買って、青蛙房《せいあぼう》から出ている筆記録全集も買ってきて、聴いていて分からないところを読んで調べる。

円生師匠は音曲ものが得意だから、今度は浄瑠璃や歌舞伎にも興味がわきます。そうこうしているうちに、浪曲にもはまって、二代目の広沢虎造師匠が残した録音は全部聴いてやる、みたいなことになった。

こうなると、魅力が全然分からなかった講談にも、鼻を突っ込むようになるのは時間の問題です。宝井馬琴師匠の録音物は、全部聴こう……。

注意散漫なんです。なにかに「はまる」という経験を一度でもすると、その「はまる」が増殖していく。いろいろ目移りしていく。目移りしなきゃ、むしろおかしい。だって、「芸」というのは、単体ではできていない。いろんな芸の要素が混ざり合って、影響を受け合って、あるひとつの新ジャンルができあがっていく。演芸というのは、そのように成り立っているんです。

いまは芸術や芸能の話になりましたけれど、アート以外だっていいじゃないですか。建築とか、あるいはインテリアにすごくはまってしまう。園芸にのめりこむ。テレビゲーム、ネットゲームでさえ、いいかもしれない。しかし、それは消費者として単に「遊ばされている」のではない。のめりこむ。はまる。つんのめっている、ということが必要です。ゲームにはまったのであれば、消費者として遊ばされているだけではなく、自分でプログラミングをしてみる。ボランティアなど社会活動への転用を考える。あるいは脚本を書いてみる。キャラクターを描く。カネを払い続ける「お客さん」ではない。自分が楽しむ主体になる。「はまる」とは、そういう意味です。

またそれが、二つ目のキーである「無鉄砲」につながります。

事故りやすい体質2：無鉄砲

タクシー運転手と目が合って、「おまえ、分かったよな」という、あれです。分かったよなじゃないですよ。命が惜しけりゃ止まっとけって話でしょ。

自覚していますが、わたしは昔から性格的に大きな難点があって、無鉄砲だし、意固地なんです。頑固。

ただその性格は、こと〈仕事〉―〈勉強〉―〈遊び〉の三角にとっては、有益になるというのがわたしの主張です。無鉄砲に、意固地にならなければいけない。

〈仕事〉ではNOと言わないから、そりゃあ仕事は増えていきます。どんどん押しつけられる。でも性格意固地だから、「いまは無理です」とか泣き言を吐かない。

あとで書きますが、〈勉強〉でアスリートノートを作って、自分を縛って学びを強要する。むしろ、自分をコントロールする術を学ぶのが、〈勉強〉することの骨法だ。

〈遊び〉だって同じです。遊びを〝遊び〟でするんじゃないと書きました。遊びは、歯を食いしばってする真剣勝負なんだ。これだって「むちゃ」ですよね。

〈仕事〉―〈勉強〉―〈遊び〉の大三角ですが、発注が増えてくれれば、どうしても〈仕事〉優先になります。だれしもカネに直結するほうをしたいから。フリーランスはもちろんだけれど、会社員だって売れっ子になるほど、〈仕事〉一辺倒になっていきます。

それは仕方ないこと、望むべきことです。しかし、〈仕事〉の頂点が伸びていくと、三角形としてはいびつな形になる。正三角形からは、ほど遠い。構造的に弱い形。いずれ、ポキリと折れてしまいます。

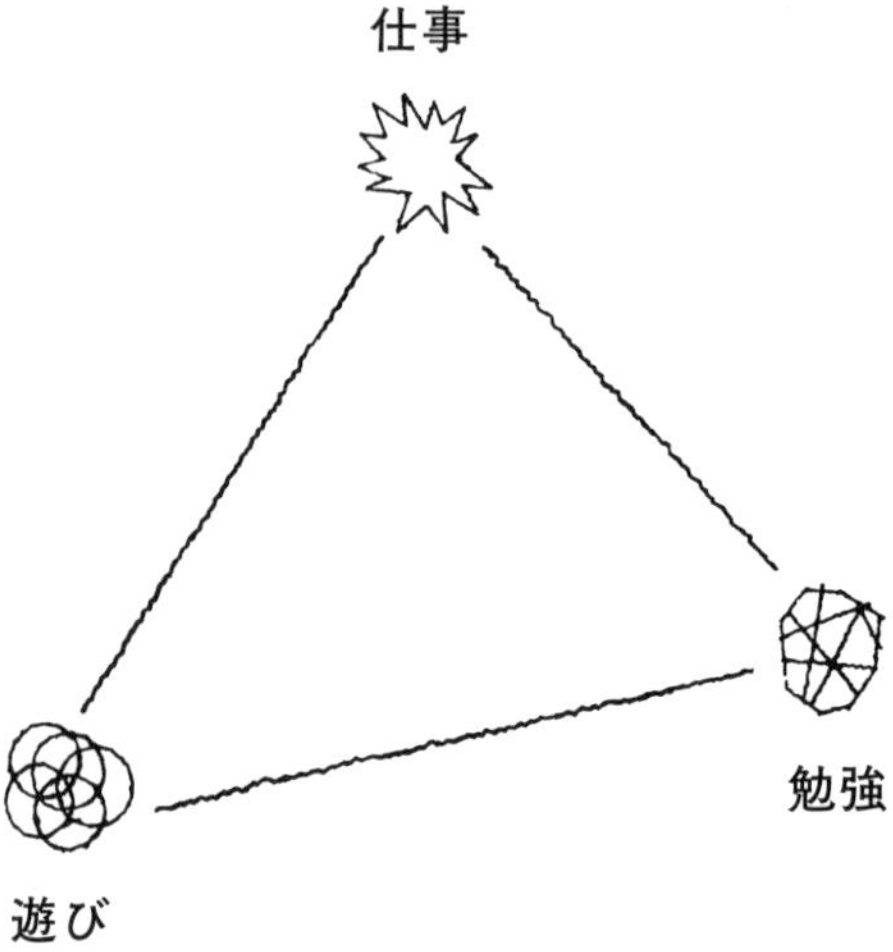

わたしもそうでした。以前に書きましたが、一行も本を読めない時期があったんです。〈遊び〉はおろか、〈勉強〉すらできない。遊んでいる暇なんてないと思ってしまうんです。いまは、自分に〈仕事〉の波が来ている、これを逃してはだめだ、と。正しい側面もありますね。

ただ、いまの自分が、かつての若い自分にアドバイスできるとしたら、「それは言い訳だ」ってことになるでしょう。どんなに〈仕事〉が忙しくても、工夫次第で〈勉強〉はできる。そして、〈遊び〉は、歯を食いしばってするもんだ。寝ないでするもんだ。

もっとも、その怒濤の数年間の前は、がんばって〈遊び〉はしていたようです。音楽のライブは年間三百本も見ているわけで、ハズレも多いんです。だけど「絶対に行く」と決めていて、そこが無鉄砲で意固地なところでもあるんですが、アスリートノートというか、手帳に書いてました。見たバンド名と、ハコ、つまりライブハウスの名前です。

手帳に書くという作業は、いまに続くわたしのルーティンです。記録する。記録して、たまに手帳を読み返す。すると、一目瞭然で分かる。ああ、この時期は連載仕事に手一杯で、さすがに勉強してないな。遊んでいないいな。仕方がないけど、でも初心に戻ってがんばらなきゃ。なんて反省する。

映画にはまっていたとき、毎日必ず二本、できれば三本見ると決めていました。映画のコラムを書くようになっていたから、宣伝会社から試写状が送られてくる。仕事をやりくりして、毎日、そのうちの二本は見る。古い映画を、名画座かＤＶＤで探す。

読書だって最初は〈遊び〉でした。カバー・トゥ・カバーで毎月十冊は最低読むというゲームにはまっていました。年間で百二十冊以上。そのうち、スピードを競うような〈遊び〉はよろしくないと気づき、英語など外国語の本をまぜるようになった。そこでも、どこかで聞きかじったんでしょう、「三百万語を読む」というゲームにはまった。なるべく早くに三百万語の英語読書を達成しようと、手帳に語数を記録して、遊んでいました。

どれだけ仕事したかではなく、どれだけ遊んだか

なにもこうした「苦行」めいたことばかりでなくていい。温泉を〈遊び〉にしていたこともあります。

九州に移り住んだので、温泉が好きでよく行きました。とくに大分県は温泉天国です。家から車で一時間半以内の温泉場は全部制覇しようと思い立ちました。ただ行くのではない。記録にとる。「到着までにかかる時間」「泉質」「湯温」「湯色」「風呂からの眺望」などと項目別に特徴を記録して、それぞれ自分で五段階評価する。エクセルにまとめ、項目ごとに、得点順にすぐ並べ替えできるようにしていました。

百カ所近くになったとき、熊本県に引っ越したので終わりましたが、あれはなんだったんだろう。温泉評論家になろうとしたわけではないし。いまのところ、〈仕事〉には直接役立っていない。でも、〈遊び〉なんだから、それでいい。

ポイントは、「仕事なんかやってあたりまえだ」ということです。仕事を人の二倍、三倍している。そんなことでいばってるやつがいますけれど（わたしですね）、

あたりまえなんです、そんなの。だって、カネもらってんだから。いばるな。

どれだけ遊んだか。誇るとしたら、そっちです。わたしより若いのが、わたしより濃密な書き込みのアスリートノートを見せて、どれだけ遊んでいるか自慢してきたら、「こいつ、すげえな」って尊敬しちゃいます。

〈仕事〉〈勉強〉〈遊び〉のスケジュールは？

肝要なのは、遊ぶ時間を先に作る、ということです。

毎日、わたしはライブに行く。だから、夜は仕事を入れない。夜回り取材があるんだったら、朝駆け取材に変えてしまう。あるいは原稿書きがあるんだったら、終電で帰宅したあと、書け。

若かったからできたし、子育てしながら働いているライターとかには、たしかに厳しいことだとは思う。でも、子育て家庭だけじゃないですよ。人生なんて、みんなそれぞれ個別に厳しいんです。老親の介護にしても、家族の病気にしても、自分の貧しさにしても、みんな、なにかを抱えている。言い訳すんな。

自分に言ってます。

まず先に遊びの時間を決める。そして残った時間で、仕事をする。家事をする。工夫して、時間短縮して、システマティックに、考え抜く。第一夜話で書いた、『モンテ・クリスト伯』の、例の牢獄じいさんと同じです。

そして勉強は、合い間でするんです。仕事と仕事の合い間の休憩時間。通勤時間。風呂。食事。そのほんの一瞬のすきまに、勉強をする。

すきま時間の十五分を積み重ねて勉強する。その具体的な方法論は、前著の『百冊で耕す』にも書きました。どんな人間でも、すきま時間はある。それを、かき集める。一日に二時間くらいは、ひねり出せるもんです。

・遊びの時間を最初に作る
・残りの時間で仕事をする
・すきま時間で勉強する

こういう生活スタイルになったのは、わたしがニューヨークにいるころからです。

特派員にさせてもらって、仕事はむちゃくちゃしていました。出稿量で前任者の二倍出すことを目標にしていました。任期が終わって数えてみると、三倍書いていました。

でも、こんなのはあたりまえです。カネもらってるんだから。いばるな。

ニューヨークでは、仕事もおもしろかったんだけど、なにしろ〈遊び〉が発狂一直線におもしろかった。音楽も映画も演劇もアートも、見るもの、聴くもの、すべてが刺激的。東京もいいけれど、やはりニューヨークが、なにしろ世界のメトロポリスだなと痛感しました。

ロックやソウル、ヒップホップ、ジャズのライブはもちろんですが、クラシックのコンサートにも通い詰めました。メトロポリタンオペラの定期会員にもなったし、ふたつあるメジャーなバレエ団の定期会員にもなった。複数の美術館の年間パスも買いました。

時間がない。だから、原稿書きは寝る時間を削るしかないんです。

朝の四時か五時に起きて、その日に出す原稿を猛スピードで書いてしまう。終わったらパソコンを閉じ、美術館もしくはギャラリーに飛び出す。絵画や立体や写真を見る。

　昼めしを手早くすませて、お次は映画です。映画館で、メジャーなもの、マイナーなものを取り混ぜて見る。

　夜の早い段階で舞台を見る。最初はブロードウェーでしている、「キャッツ」とか「シカゴ」とかの有名なミュージカル。こんなのはわりあい早い段階で制覇してしまうので、次はもう少し小規模なホールでしているオフ・ブロードウェーの芝居やパフォーマンスに手を伸ばす。それもあらかた見終わると、小学校の教室みたいな小さな小屋でしている、オフオフ・ブロードウェーにも足を運ぶ。

　舞台が終わったら、こんどはライブハウスです。アメリカのライブ公演は、日本より遅い時間に始まる。ライブが終わったら、深夜、意識朦朧でＤＪが入っているクラブへ。

　先にも書いたように、それをアスリートノートである手帳に書き込むんです。このころの手帳を見ると、自分でも気持ち悪くなってきます。よくこんなことできたなと。なんかへんなクスリでもやってたんじゃないか。

　書いていて思い出しましたが、わたしがニューヨークに赴任したときの支局長

Tさんは、洒脱な人で、わたしが遊び回っているのをおもしろそうに眺めていました。「原稿は出しているんだから当然だろ」と、若かった自分は堂々としていたんだけど、会社組織なんて、そうはできていない。「おまえ、支局にも立ち寄らないで毎日なにしてんだ?」と追及されてもおかしくない。

でもTさんは、笑ってた。たまに支局に顔を出すと「おー、生きてたのか?どうだ、これから昼めしいくか?」なんて。〈遊び〉が分かっている人だったんでしょう。

Tさんに比べては悪いんですが、別の支局長は、任期が終わって日本に帰るとき、スタッフにこうあいさつしたそうです。

「ぼくは仕事漬けで、ニューヨークにいるのにミュージカルひとつも見られなかった。最後に『キャッツ』を見て帰ります」

自虐ネタのつもりなんでしょうけど、笑えません。そんなこと、自慢にもなんにもなっていない。怠惰です。ただの怠け者です。だから新聞記者は嫌いなんだ。〈仕事〉なんて、するのはあたりまえですよ。歯を食いしばって、石にかじりついて、ダイハードで遊べ。自慢するならそこを自慢しろ。

事故りやすい体質3：酔っている

新聞で売れっ子ライターになりかけていたとき、音楽が〈遊び〉でした。事件記者だったので、スーツなんか着ていた。スーツを着て夜のライブに行くのは、たいへんなんです。多くの場合、スタンディング。ずっと立ちっぱなし。ジーンズじゃないんで床に座るわけにもいかず、革靴は痛いし。

カウズっていう、アメリカのハードコアパンクのバンドが来日したのを新宿の小さなライブハウスで見たとき、スーツ姿だというだけで、ほかの客から「おおーっ」って感じで、連帯の握手を求められたこともありましたね。笑っちゃうな。

アンダーグラウンドの音楽に魅了されていましたが、なかには、バンドが八人、客三人なんていうのもあるんです。客よりミュージシャンが多い。こんなのを見てどうするんだ、ですよ。だけど、自分ではほんとうに、信じ込んでいた。いま、おれの目の前で、とんでもない革新的な音楽が演奏されている。だからこそ、疲れた体を引きずって、毎晩、そうした地下世界に足を向けていた。

おれの耳に狂いはない。おれの目に狂いはない。世界がまだ分からないのは、この音楽を伝える「言葉」がないからなんだ。だから自分こそが、真摯に聴き、理解し、新鮮な語彙で世の中に伝えるんだ。その使命を帯びているんだ。

まじめに、そう思っていました。


酩酊している。正気を失っている。

自分のしていることには、たしかに意味がある。そう、信じ込む。たった一人で、思い込むんです。好きになるとは、孤独になることです。孤立を求めない。しかし、孤独を恐れない。


わたしが九州に飛んで、ど田舎の棚田で米を作り始めて十年になります。周囲は「新聞連載の企画で、長くてどうせ二、三年」と思っていました。ほんとうを言うと、わたしもそう考えていた。企画を成功させて、東京に〝凱旋帰国〟するつもりだった。

それがいまでは、田んぼは年々大きくなるし、鉄砲撃ちの猟師にどはまりしてしまって、冬の間はけものと猟場のことで頭が占められてしまう。完全に猟師の目つきになっている。

百姓や猟師は、趣味ではない。セカンドライフ、スローライフなんてものとは、いちばん遠い。そうではなく、自分がしているのは、柄谷行人ふうに言えば、いわば「可能なるアナキズム」なんだ。そう、思い込んでいるんです。

なぜそう思っているのかは別テーマになるので、また新しい本で書くことになるでしょう。別の本で、酔っ払うつもりです。

音楽や、アメリカや、百姓・猟師やに対する、自分の狂信に近い思い込み、惚れ込みは、結実しました。雑誌や新聞で大きな記事や連載になった。本になった。テレビ番組にもなった。多くの読者に受け入れていただき、講演やシンポジウムで話すと、たいていい馬鹿受けする。

なぜか。

へべれけに酔っているから。

自分の好むものを、信じ、楽しみ、愛した。

愛に、酩酊しているからです。

疑わずに〈仕事〉に酔うのは致命傷になる

ただし、注意が必要で、〈遊び〉と〈勉強〉を経由せず、〈仕事〉に酔っている人は、少し危ないです。自分の仕事に「最初から」使命感を持っている人なんて、信用できない。ナチスのユダヤ人収容所アウシュビッツの門には、次の言葉が掲げられていたそうです。

Arbeit macht frei
〈仕事〉は人を自由にする。

その通りだと思います。働くこと、働く場所があることこそ、人が求めていいことです。

ただその一般的な真理は、権力や資本に利用されやすい特殊的なイデオロギーになることも、知っておく必要がある。働く場所があるだけで幸せだ。非正規だろうと不安定だろうと、文句を言うな。飢えたくなければ働け。ガス室送りになりたくなかったら働け。

新自由主義者とナチスの標語は、ほとんど紙一重です。

こんなのにだまされてはいけない。〈仕事〉は本来、自発のはずなんです。自発的でない〈仕事〉は、すぐさま懲罰に変わる。

自分がしたいこと、自分が創りあげた〈仕事〉だからこそ、無鉄砲になれる。酔える。

そうした〈仕事〉を創りあげるために必要なのが〈遊び〉という余裕なんだというわけです。注意散漫に、なんにでも興味を持ち、浮気性に遊びまくる。無鉄砲に、真剣に遊ぶ。

遊びのない〈仕事〉なんて、おもしろくないです。わたしの場合、〈仕事〉は原稿を書くことですが、遊んでないやつが書いている原稿は、すぐ分かる。学級委員だから。正しいけど、おもんない。

大事なこと、正しいことこそ、軽く書く。ライターだけではない。どんな職種でも、おもしろい〈仕事〉をしている人とは、例外なく遊んでいる人です。

無鉄砲の粋——身上を潰して〈遊ぶ〉

みんな誤解してるんですが、〈遊び〉に努力はつきものです。気晴らしだとか、そんなの違う。嘘です。

江戸時代の遊び人を見てください。身上を潰して遊んでるわけじゃないですか。大店の若旦那が花魁に入れあげ、勘当されて家を飛び出し、「お天道様と米の飯はついてくらあ」なんて強がっていたものの、カネの切れ目が縁の切れ目、花魁にも幇間にも取り巻き連にも見放され、お天道様はついてくるけど米の飯はついてきませんでしたなんて噺は、落語にいくらでもある。

あるいはやくざ渡世のばくち打ち、親の意見は空吹く風と吹き流し、一天地六《いってんちろく》の賽《さい》の目に、張った命は利根川の、深さにまさる不孝者、長脇差《どす》を抱き寝の旅鳥って、粋がっているけど浮浪者ですよ。

それらとベクトルは違うんですが、わたしだって遊び人を目指しています。「遊び人の金さん」ですよ。粋に生きて、粋に死んじまえ。

粋とは意気地だと書いた哲学者がいます（九鬼周造『「いき」の構造』）。

粋な〈遊び〉とは、意気地だ。痩せ我慢だ。歯を食いしばって、遊ぶ。

そうした〈遊び〉は、まず、スキゾフレニア的に始まる。分裂症。多動症。浮気性。いろんなことに目が行っちゃう。興味が拡散していく。

でも、その遊びを真剣にするから、いつしかはまってしまう。オタクという言葉は閉鎖的・狭隘的で嫌いだけれども、ある対象を好きになるから、もっと好きになる。知れば知るほど、さらにはまる。情が深くなる。愛が濃《こま》やかになる。

つまり、惚れちゃう。

すると今度は、だんだんパラノイア的な症状に移行していきます。制覇すべきリストが明確になる。音楽でも文学でも映画でも絵画でも写真でも芝居でも、「これはまだ観ていない、聴いていない、読んでいない」という重要作品を、つぶさなければ気がすまなくなる。

リストとは、第二夜話にも書きましたが、〈勉強〉の必須道具です。時代を追って、古いものから歴史順に、あたる。場合によっては、国会図書館で資料を探す。しまいには、まだ世の中にないリストを自作するまでになる。自分でリストを作れるようになる。

無鉄砲になる。
これは、もはや〈遊び〉が〈勉強〉に変態しています。

事故にあうとは、予測不可能に生きること

こんなことをしていると、なぜか〈仕事〉が来るものなんです。ほんとうに不思議だけど。だれかが気づいてくれる。向こうから寄ってくる。それが事故なんです。そのための、事故りやすい体質作りです。

いかなるシステムも（コンピュータも生物も）内部に何らかのランダム源を抱えていなければ、新たなものを生み出すことはできない。（略）コンピュータでは、乱数発生の機能がこのランダム源にあたる。コンピュータに、検索その他の〝試行錯誤的〟な動きがとれるのは、乱数を活用して、集合内のすべての可能性に当たっているからである。（略）すべての革新的、創造的システムは発散する。逆に、予測可能な出来事の連続は、その予測可能性故に、収束する。

（ベイトソン『精神と自然』）

人生を、予測可能なものにしてはいけない。その人生は、収束する。発散させてこそ、新たなことを生み出せる。

生きるとは、「予測不可能である」ということです。

もともとは〈遊び〉だったものが、いつしか〈勉強〉になり、偶然の事故で〈仕事〉になってしまう。わたしの場合、音楽がまさしくそうでした。映画や文学だって、もはや〈仕事〉です。アメリカ社会も、百姓や猟師だって、同じことです。

これは、ライターとしては、まず文句のない生活でしょう。夢のようだと言ってもいい。まあ、夢ぐらいは見るでしょう。

なにしろ、酔っているんだから。

此身醒復酔
乗興即為家

（杜甫「春帰」）

どうせ此《こ》の身は、醒《さ》めてまた酔う旅の宿
興に乗ったらハマるだけ

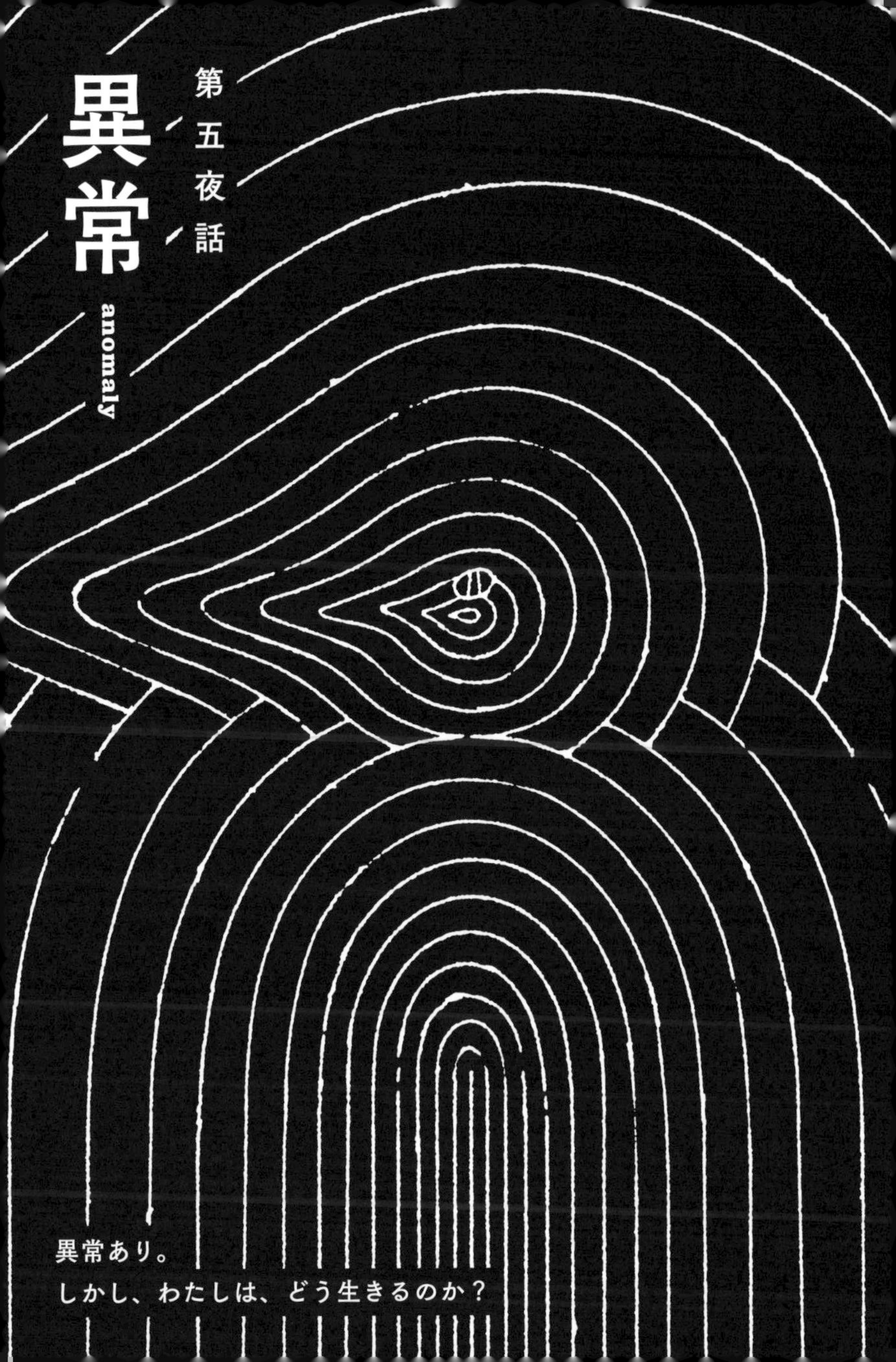

第五夜話

異常

anomaly

異常あり。
しかし、わたしは、どう生きるのか？

噺……（五）

家路道中

音楽評論が長く、ミュージシャンをたくさん取材しているので、「ふつう」とはかなり違う人と多く会っている。日本人では、灰野敬二さんやエンケン（遠藤賢司）さん、浅川マキさんらが、強烈な存在感で圧倒だった。

エンケンさんは七十歳と、若くしてなくなった。胃がんで闘病中に、病床から携帯電話へメールをくれたことがあった。死の直前、「ギリギリのところで頑張ってます」とあった。

「ギリギリからが不滅の男かと」。そう返信した。「不滅の男」とは、エンケンさんの代表曲の一つだ。すると、エンケンさんは、いま、自身が口ずさんでいるという歌を送ってきた。「いつだって初心《うぶ》な気持ちで一生懸命やらなきゃ他人《ひと》の心《きもち》なんてものは決して打ちはしないんだよぉ」

「輪島の瞳」。輪島とは、豪遊と賭け事で身を持ち崩し、多額の借金を負った元横綱。やくざに「おれたちだってあんなに馬鹿じゃない」と言わせたという、破滅型だ。輪島はその後、プロレスラーに転身し、慣れないリングで苦闘を続けていた。そのとき作ったエンケンさんの歌だが、ロックでこれを歌うことじたいが尋常じゃない。

エンケンさんは、メロディーや歌詞で、わたしを含め、多くの人を救ってきた。しかしなにより、エンケンさんの歌や言葉は、自分自身を救っていた。自分のために歌うことが宇宙に響く。異常な人だった。

何度かお会いしている友川カズキさんも、遠くから見て分かるほど、常人ではない空気をまとっている。最初にインタビューしたのは新宿で、なじみの中華屋を指定された。友川さんは、わたしのつたない音楽評を読んでくれていて、間違っていない、いい着眼点だ、とほめてくれた。

ステージを見た人はわかるが、秋田弁丸出しのしゃべりがとにかくうまい人で、ひきつけられる。落語家と話しているようで、こちらは魔術にはまる。大笑いさせられる。

そんなだから、取材じたいはネタも豊富で、すぐに終わったのだが、酒が止まらない。

「では、そろそろ」と腰を上げようとすると、「まだいいじゃないか。なに言ってるんだ」。帰らせてくれない。

なじみらしい別の居酒屋に連れていかれた。もうかなり酩酊していたが、こんどは電話で友人たちを呼び出す。どうやら、ふだんからだいぶ借りがある人たちのようだった。彼らとわたしは、一面識もない。とくに話題もない。

友川さんはそのうち、二階の畳敷きの部屋で横になり、眠ってしまう。寝たふりだったかもしれない。友人たちは「いつものこと」というふうで、気にするでもない。勝手に酒や料理を注文し、飲み食いしている。わたしはといえば、話題もないし、しばらくぽつねんとしていた。

「ああ、そうか」。気がついて、そっと席を立ち、階下に降りて、全員ぶんの勘定を済ませ、店を出た。

これとはまた別の取材で会ったときは、自身が住む川崎の競輪場近く、さびれた飲み屋街を指定された。友川さんは無類の競輪好き、競輪評論家としても知られる。ばくち打ちを歌った曲も多く、「どこへ出しても恥かしい人」「馬の耳に万車券」「人間、下には下がある」など、強烈な名歌唱が多い。

このときも、取材は飲みながらだった。なにか車券を当てたのだろうか、「今日はおれがおごるから」と言って、延々飲むし、わたしにも勧める。取材が終わり、雑談になっても、まだ飲み続ける。わたしは当時、会社の仕事が大量にあって、その日に出さなければならない原稿もあった。「では、そろそろ」と腰を上げようとすると、「まだいいじゃないか。なに言ってるんだ」。帰らせてくれない。

「原稿が没になる前に、自分が没になるぞ」
「嘘をついてもいいが、たまにはホントもつけ」

しびれるようなフレーズが次々出てくる。わたしもはらがすわってきて、帰りたくなくなっている。

いい加減、時間が過ぎたころ。友川さんの言葉を受けて、「それは『走ることでしかそがれていかないもの』という意味ですよね」と返した。友川さんの競輪詩（「夢のラップもういっちょう」）からの引用だったが、うれしそうに目の奥で笑って、「今日はもう帰っていいよ」と言った。

常人とは別の時間軸、違う空間認識で、宇宙を生きる。そういう磁場を発揮する人に、わたしはどうも、ひかれてしまうのだ。影響されてしまう。心胆がぞくぞく震えるような。これでおれはもう終わりだみたいな。土俵際いっぱい、徳俵《とくだわら》に足がかかったみたいな。家のない家路を急ぐような。

賭けて、生きている。

これで、〈遊び〉―〈勉強〉―〈仕事〉の大三角が完成したことになります。「はじめに」で書いた、広漠たる宇宙に輝く三つの星です。

この三つの頂点、いわば三つの〝駅〟を完成させることで、人生が「ナイス」になる。ナイスな瞬間がなるべく長く続くこと。それが幸せなんだろうと、わたしは思っています。

そして、三つの駅は孤立しているのではないことも、ここで重要なポイントです。駅は見えない線路で連結されている。駅と駅との間を、まるで銀河鉄道みたいに、列車が飛んでいるんです。遊びがいつしか勉強になり、勉強していると仕事に結びつく。

〈遊び〉↓〈勉強〉↓〈仕事〉

するとどうなりますか？

〈仕事〉が、〈遊び〉で埋め尽くされる。

〈遊び〉が〈仕事〉になる。

遊び人になる。

If this isn't nice, I don't know what is.
これが幸せでなきゃ、いったい何が幸せだっていうんだ

〈遊び〉がどんどん〈勉強〉に、そして〈仕事〉に移行しちゃうなら、〈遊び〉が少なくなっちゃうじゃないか。そう考える心配性の人もいるかもしれません。心配する必要はないです。そうした遊び人は、もはや注意散漫になっている。事故りやすい体質になっています。〈遊び〉のジャンルが増えていくんです。

人生を支えるもの――自分の骨を知る

わたしは落語や浪曲の話芸がたいへん好きになって、原稿にも書きましたからもはや〈仕事〉です。そしていま、わたしは講談にはまっています。けれど、講談が〈仕事〉になること、あるかなあ。あるかもしれないけれど、たぶんないんじゃないかと思う。

でも別に〈仕事〉にならなくたっていいじゃないですか。そもそもは〈遊び〉なんだから。

第一夜話で書きましたけれど、わたしは最初から自分の好きな〈仕事〉なんかしていません。できません。NOと言わないで、次々に降りかかってくる〈仕事〉をこなしていただけ。十本に一本くらい、だれが読むのか分からないような異常な記事を提案して、「近藤が言うんだから、仕方がないか」と採用されていたに過ぎません。

いま、わたしは九州で百姓をして、猟師になって、食肉処理業者になって、もちろん作家であり、音楽や文学などいろんな評論も書きます。

百姓はたしかに重労働なんですけれど、〈遊び〉ですよ。遊んで、笑いながら、大汗かいています。猟は、けものの命をとるのだから〈遊び〉というと語弊があるが、そもそも〈遊び〉の語源には神事とか、狩り、猟の意味もありました。けものの命を頂戴する。いただいた命を、食肉処理業者としてみんなの口に運び、生かしている。自分の創作に直結している。だから、遊び暮らしている「遊び人」です。

遊び人というと、昼近くまで寝ていて、酒やばくちで為すこともなく過ごし……。そういう人を想像しますか？　あるいは女性やおじさんにカネを払ってもらって働かないで生活する、ヒモとか「頂き女子」とか、そういう感じの人間でしょうか。

会社を定年退職して、朝はメジャーリーグの試合を衛星放送で観て、公園に犬を連れて散歩して、ゴルフの練習場に行って、夕方早くから酒飲んで……。それが遊び人でしょうか。憧れますか？

わたしは、そんな生活をしていたら気が狂うと思います。いまでもたいがい気がふれているんですが、そうではなく、悪い方向で。ほんとうの病気になると思う。酒好きだから間違いなくアルコール中毒になるだろうし、幻聴が聞こえてきたり、人や社会を恨んだり、それをＳＮＳで吐き出したり……。そうなっちゃうんじゃないかな。

中島敦の『山月記』じゃないけれど、いつか、虎に変身して、わけの分からぬうなり声を発し、はだしで野へ駆けだしてしまうんじゃないか。自分のうちに、恐怖がいつもあります。

わたしの意味する遊び人って、そういう人間ではない。

粋人になること。

自分の骨を知る、ということです。

自分は「これ」をするために生まれてきたんだ、「これ」をしなければ生きていられない。そうした自分の「骨」を、はっきりつかむこと。

わたしの場合はそれが、「書く」という営為だったんです。働き始めてかなりの年月を費やして、ようやく知った自分の骨だったんです。書くことによって、自分という人間を完遂する。

書く。それもただ、新聞記事を書いていればいいのではない。それではもはや満足できない。

どこに書くのか。

なにを書くのか。

だれに書くのか。

なぜ書くのか。

繰り返し、書くという営為の中で考えてきた。試行錯誤して、実験してきた。そうしてようやくつかんだ、自分の「骨」です。

Pursue, keep up with, circle round and round your life, as a dog does his master's chaise. Do what you love. Know your own bone; gnaw at it, bury it, unearth it, and gnaw it still.

追いかけ、つけまわし、グルグル回れ。猟犬がそうするように。自分の好きなことをするんだ。自分の骨を知れ。骨にしゃぶりつき、埋め、掘り返し、またしゃぶりつけ。

（ヘンリー・ソロー）

一生かけてしゃぶり尽くす、自分の「骨」を知る。歯を食いしばって〈遊び〉、自分で自分を律する〈勉強〉を経て、自発的に創りあげる〈仕事〉に結実する。大三角の永久循環運動。幸せとは、このことだったんです。

遊び、酔い、はみ出せ、世界を変えよ

わたしは幸運にも、自分の「骨」を見つけました。三十代の、わりあい早い段階でした。そうして、みなさんの「骨」は、わたしには分かりません。自分にしか分かりません。だれかが見つけてくれるものではない。自分で、見つけてください。自分で、食らいついてください。

だからこその、〈遊び〉です。注意散漫で、いろんなことに鼻を突っ込む。注意散漫になるのも練習です。そして、無鉄砲に追いかけ回す。自分の遊びに酔う。酔っ払って酩酊する。「自分に酔っている」と嘲笑する輩には笑わせておけ。夢に酔うのは、恥ではない。むしろ、自分と世界を拡張する「冒険」です。

いや、冒険なんて下手な言葉を使ふから何か血なまぐさくて不衛生な無頼漢みたいな感じがして来るけれども、信じる力とでも言ひ直したらどうでせう。あの谷の向ふ側にたしかに美しい花が咲いてゐると信じ得た人だけが、何の躊躇もなく藤蔓《づる》にすがつて向ふ側に渡つて行きます。（略）藤蔓にすがつて谷を渡つ

てゐる人は、ただ向ふ側の花を見たいだけなのです。（略）信じてゐるのです。花のある事を信じ切つてゐるのです。そんな姿を、まあ、仮に冒険と呼んでゐるだけです。あなたに冒険心が無いといふのは、あなたには信じる能力が無いといふ事です。

（太宰治「お伽草子」〔浦島さん〕）

「推し活」なんて、世間が作った浮薄な流行語に回収されない。他者の欲望（Le désir de l'Autre）に収束していかない。アイドルやホストにカネを使うのがほんとうに自分の「骨」なのか。他人が作った「欲望」に踊らされているだけじゃないか？　考える。自分を疑う。自分だけの酔い方があるはずだ。好きになるなら、徹底して、好きになる。信じ、楽しみ、愛す。

世間に惑わされない。なぜなら、われら遊び人は、粋人は、冒険者です。異常者なんです。はみ出すこと。周縁にいることを恐れない。世界を変えるのは、異常人だけだ。

まどわされてはなりません。われら異常人の任務は、まどわされることではなくて、まどわすことなのです。

（武田泰淳『富士』）

わたしたちの前には、二つの道があります。ひとつの道は、真剣に、本気で打ち込んだとしても、幸せになれないかもしれない、不確実で危険な道。もう一方は、真剣に、本気で打ち込まないため、幸せになれないことが常にすでに確実な道。

車券は、外れることを怖がっちゃいけない。迷うな。賭けなければ、当たらない。走ることでしか殺《そ》がれていかないものがある。夢のラップもういっちょう。

わたしはいま、この文章を、ふりつむ雪の中、猟に出撃する夜明け前、コインランドリーで洗濯物を乾かすほんのわずかな時間を使って、軽トラで体を小さく折り、寒さに震えながら書いています。

われながら異常人だと思います。自分の夢に酔っている。

また事故にあっちゃうかもしれませんが、それもいいでしょう。

危険に生きよ。

謝辞

アイデアの泉、だれも分からぬ微妙な差異にもこだわる表紙と本文デザイナー新井大輔さん。ソフトな画でじつは不良っぽくやばい空気満々のアーティスト、装画・挿絵をいただいたオオクボリュウさん。二人の仕事の鬼に。

今回もスーパーセーブを連発してくれた校閲集団「本望和孝＆ゴールキーパーズ」の勉強熱心に。

はじめ著者を泳がし、のち、愛ある粋な遊び心で原稿を容赦なく絞りとり、文章の女神を呼び出してくれる編集 Lily こと田中里枝さんに。

あて逃げ、ひき逃げ、もらい事故、わたしの人生でなぜか連続する衝突に巻き込んでくれる、すべての異常人たちに。

引用・参考文献

※出版年＝初版時

＊Ｌ・ヴィトゲンシュタイン『哲学探究』丘沢静也訳、岩波書店、二〇一三年
＊Ｋ・ヴォネガット『国のない男』金原瑞人訳、日本放送出版協会、二〇〇七年
＊大西巨人『迷宮』光文社（光文社文庫）、二〇〇〇年
＊柄谷行人、浅田彰、岡崎乾二郎、奥泉光、島田雅彦、絓秀実、渡部直己『必読書１５０』太田出版、二〇〇二年
＊九鬼周造『「いき」の構造　他二篇』岩波書店（岩波文庫）、一九七九年
＊白川静『新訂　字統』平凡社、二〇〇四年
＊武田泰淳『富士』中央公論新社（中公文庫）、一九七三年
＊太宰治『太宰治全集７』「お伽草紙」（筑摩全集類聚）筑摩書房、一九七一年
＊Ａ・チェーホフ『チェーホフ　短篇と手紙』山田稔編、神西清・池田健太郎・原卓也訳、みすず書房、二〇〇二年
＊Ａ・デュマ『モンテ・クリスト伯』（全７巻）山内義雄訳、岩波書店（岩波文庫）、一九五六～五七年
＊中井久夫『新版　分裂病と人類』東京大学出版会（ＵＰコレクション）、一九八二年
＊中島敦『山月記・李陵　他九篇』岩波書店（岩波文庫）、一九九四年
＊Ｆ・Ｗ・ニーチェ『ツァラトストラかく語りき（上・下）』竹山道雄訳、新潮社（新潮文庫）、一九五三年

＊O・パムク『雪』和久井路子訳、藤原書店、二〇〇六年
＊林芙美子『放浪記』岩波書店（岩波文庫）、二〇一四年
＊G・フローベール『ボヴァリー夫人（上・下）』伊吹武彦訳、岩波書店（岩波文庫）、一九三九年
＊G・ベイトソン『精神と自然　生きた世界の認識論　改訂版』佐藤良明訳、新思索社、二〇〇一年
＊三島由紀夫『仮面の告白』新潮社（新潮文庫）、一九五〇年
＊森鷗外『ヰタ・セクスアリス』新潮社（新潮文庫）、一九四九年
＊森林太郎『鷗外選集　第2巻』（全21巻）「青年」「あそび」岩波書店、一九七八年
＊吉野弘『続・吉野弘詩集』思潮社（現代詩文庫）、一九九四年
＊『唐詩選（上・中・下）』（全3冊）、前野直彬注解、岩波書店（岩波文庫）、二〇〇〇年
＊Vonnegut, Kurt. *A Man Without a Country*, New York, Random House Trade Paperbacks, 2007
＊Nietzsche, Friedrich Wilhelm. *Also sprach Zarathustra Ein Buch für Alle und Keinen*, Hamburg, Nikoll VerlagsgesellschaftmbH & Co. KG, 2019.

近藤康太郎（こんどう・こうたろう）

作家／評論家／百姓／猟師

1963年、東京・渋谷生まれ。1987年、朝日新聞社入社。川崎支局、学芸部、AERA編集部、ニューヨーク支局を経て、九州へ。新聞紙面では、コラム「多事奏論」、地方での米作りや狩猟体験を通じて資本主義や現代社会までを考察する連載「アロハで猟師してみました」を担当する。

著書に『三行で撃つ〈善く、生きる〉ための文章塾』『百冊で耕す〈自由に、なる〉ための読書術』（CCCメディアハウス）、『アロハで田植え、はじめました』『アロハで猟師、はじめました』（河出書房新社）、『朝日新聞記者が書けなかったアメリカの大汚点』『朝日新聞記者が書いたアメリカ人「アホ・マヌケ」論』『アメリカが知らないアメリカ 世界帝国を動かす深奥部の力』（講談社）、『リアルロック 日本語ROCK小事典』（三一書房）、『成長のない社会で、わたしたちはいかに生きていくべきなのか』（水野和夫氏との共著、徳間書店）他がある。

装画／挿画　オオクボリュウ

装幀　新井大輔

ワーク・イズ・ライフ

宇《う》宙《ちゅう》一《いち》チャラい仕《し》事《ごと》論《ろん》

2024年5月5日　初版発行

著者　近藤康太郎

発行者　菅沼博道

発行所　株式会社ＣＣＣメディアハウス
〒141-8205　東京都品川区上大崎3丁目1番1号
電話　販売　049-293-9553
　　　編集　03-5436-5735
http://books.cccmh.co.jp

ＤＴＰ　有限会社マーリンクレイン

校正　朝日新聞メディアプロダクション　校閲事業部

印刷・製本　図書印刷株式会社

ISBN978-4-484-22250-9